Rating und Finanzierung im Mittelstand

AF148597

Cornelia Langer • Klaus Eschenburg
Rainer Eschbach

Rating und Finanzierung im Mittelstand

Leitfaden für erfolgreiche
Bankgespräche

 Springer Gabler

Cornelia Langer
Berlin, Deutschland

Rainer Eschbach
Görwihl, Deutschland

Dr. Klaus Eschenburg
Freiburg, Deutschland

ISBN 978-3-8349-4036-0   ISBN 978-3-8349-4037-7 (eBook)
DOI 10.1007/ 978-3-8349-4037-7

Die Deutsche Nationalbibliothek verzeichnet diese Publikation in der Deutschen National-
bibliografie; detaillierte bibliografische Daten sind im Internet über http://dnb.d-nb.de ab-
rufbar.

Springer Gabler
© Springer Fachmedien Wiesbaden 2013

Lektorat: Anna Pietras

Gedruckt auf säurefreiem und chlorfrei gebleichtem Papier

Springer Gabler ist eine Marke von Springer DE. Springer DE ist Teil der Fachverlagsgruppe
Springer Science+Business Media
www.springer-gabler.de

Vorwort

Was ist eigentlich der Mittelstand?

Historisch betrachtet entwickelte sich im Mittelalter aus der Ständegesellschaft die Gruppe der Kaufleute und Handwerker, die den mittleren Stand bildeten. Insbesondere in Deutschland hat sich daraus einzigartig in Europa eine Mittelstandskultur entwickelt, die auch heute noch deutlich sichtbar ist. Die gesellschaftlichen und geschichtlichen Entwicklungen in den letzten Jahrzehnten zeigen ein sehr gemischtes Bild des Mittelstandes. Man spricht volkswirtschaftlich vo0n kleinen und mittelständischen Unternehmen (KMU). Dies sind Unternehmen, die zum überwiegenden Teil im Familienbesitz und vielfach auch inhabergeführt sind. Die Größe dieser Unternehmen variiert von einer Person bis zu 250 Mitarbeiter. Die Europäische Union hat zur Einstufung dieser Unternehmen eine Definition erarbeitet, wonach KMU bis zu 50 Mio. € Jahresumsatz beziehungsweise 43 Mio. € Bilanzsumme haben dürfen.

Welchen Rat wollen wir diesen Unternehmen geben, damit sie ihre Finanzierungen verbessern können? Unsere Erfahrungen aus der täglichen Praxis in der Zusammenarbeit mit Unternehmen zeigen uns immer wieder, wie viel Ratlosigkeit und Missverständnisse zwischen Unternehmen und den verschiedenen Finanzierungsgebern, dies sind in erster Linie Geldinstitute und auch öffentliche Stellen, vorhanden sind.

Früher galten das Kaufmannswort und der Handschlag. Der Geldverleiher kannte den Kaufmann oder Handwerker, welcher Geld benötigte, meist persönlich gut. Er konnte ihn einschätzen, ob dieser mit einer großen Wahrscheinlichkeit das ihm geliehene Geld wieder zurückgeben würde. In unserer heutigen Gesellschaft ist eine solche Beurteilung der wirtschaftlichen Leistungsfähigkeit eines Unternehmens für den Geldgeber ohne Hilfsmittel gar nicht mehr möglich, denn es fehlt in der Regel an der engen persönlichen Beziehung.

Solche Hilfsmittel sind Instrumentarien im Unternehmen, und vor allem die betriebswirtschaftlichen Kennzahlen eines Unternehmens, die für sich alleine aber noch nicht ausreichen. Diese Kennzahlen müssen in Relation zu anderen auf Erfahrung beruhenden Werten gesetzt werden, um individuelle Chancen und Risiken realistisch einstufen zu können. Eine solche Einstufung wird heute nach dem System von Basel II beziehungsweise zukünftig nach Basel III und den aus diesen Empfehlungen abgeleiteten nationalen Vorschriften vorgenommen.

Was hat die Stadt Basel mit der Bewertung eines kreditsuchenden Unternehmens zu tun? Diese Frage wird Ihnen Herr Dr. Klaus Eschenburg beantworten. Nach seiner langjährigen Erfahrung als Direktor einer Bank im Unternehmenskundenbereich ist er heute als Rechtsanwalt mit dem Schwerpunkt Bank- und Kapitalmarktrecht tätig. In Kapitel 2 wird Ihnen erklärt, nach welchen Kriterien Banken Ihre Kreditfähigkeit beurteilen.

Sie erfahren, welche Vorgaben Banken zu beachten haben, wie Banken „denken" und wie Sie sich vorbereiten müssen. Mit diesem Wissen können Sie selber etwas in Ihrem Unternehmen verändern, sich besser darauf vorbereiten und sind nicht unabänderlich an eine einmal getroffene Bewertung gebunden. Wie können Sie Ihre betrieblichen Kennzahlen verbessern, worauf kommt es an und wie ändert man in der Praxis bestimmte Verhaltens- und Verfahrensweisen? In Kapitel 3 gibt Ihnen der erfahrene Steuerberater und vereidigte Buchprüfer Rainer Eschbach, vielfältige Tipps und praktische Ratschläge, die Sie selbst oder in Zusammenarbeit mit Ihrem Steuerberater umsetzen können.

Bei all diesen Aufgaben lässt Sie der Staat nicht alleine, er hat ein originäres Interesse an einer prosperierenden Wirtschaft, insbesondere gehört der Mittelstand zu den größten Steuerzahlern der Bundesrepublik.

Für Unternehmer stehen öffentliche Hilfen in Form von sehr unterschiedlichen finanziellen Unterstützungen zur Verfügung. Welche Angebote es von der Beratungsförderung bis hin zu nicht rückzahlbaren Zuschüssen für unterschiedliche Situationen gibt, wie diese eingesetzt werden, sowie wo und wie auch Sie solche Förderungen erhalten können, erfahren Sie aus den Kapiteln 1 und 4 der Diplomverwaltungswirtin, Verwaltungsbetriebswirtin und Wirtschaftsjuristin Cornelia Langer.

Wie kamen wir dazu, diesen Ratgeber zu schreiben?

Alle drei Autoren sind seit vielen Jahren ehrenamtlich für den Mittelstand engagiert. Mit dem Einbruch der Finanz- und Wirtschaftskrise wurden so viele Fragen und Sorgen von Unternehmern an uns herangetragen, dass wir dies in Einzelgesprächen nicht mehr bewältigen konnten. Wir entwickelten daher ein Vortragsangebot speziell für mittelständische Unternehmen zu diesen Themen, das sehr positiv aufgenommen wurde. Auf der Grundlage dieser Veranstaltungen entstand dieses praxisorientierte Nachschlagewerk.

Bewusst verzichten wir in diesem Ratgeber auf eine allzu wissenschaftliche Betrachtungs- und Ausdrucksweise. Vielmehr wollen wir Ihnen einen praktischen Leitfaden an die Hand geben, der das gegenseitige Verständnis fördert. Nur auf diese Weise sind Lösungen möglich, die sowohl für Sie als Unternehmer als auch für Ihre Bank als Kreditgeber zufriedenstellend sind.

Selbstverständlich ist uns die Gleichbehandlung der Geschlechter wichtig, um den Text lesbarer zu gestalten, gelten geschlechtsspezifische Begriffe genderneutral.

Mit unseren Informationen und Hinweisen wollen wir Ihnen Mut machen, sich besser vorbereiten zu können, Ihr Unternehmen nachhaltig mit solchen Verbesserungen zukunftsfähig zu gestalten und nicht zuletzt erfolgreich das nächste Bankgespräch zu führen.

Wie sich Dinge in Ihrem Unternehmen positiver entwickeln können, wenn Sie den einen oder anderen Tipp umsetzen, hat Rainer Blocher, Banker und Hobbykarikaturist, mit seinem „Ideen-Atelier", in humorvollen Zeichnungen dargestellt. Wir danken ihm sehr für seine freundliche Unterstützung.

Wir wünschen Ihnen nun viel Freude beim Lesen. Lernen Sie auch manch altbekannte Weisheit unter einem neuen Blickwinkel kennen und vor allem: Setzen Sie diese um!

Dr. Klaus Eschenburg, Rainer Eschbach und Cornelia Langer

August 2012

Inhaltsverzeichnis

1 Einführung

1.1 Was versteht man unter „Mittelstand"? Welche grundsätzlichen Finanzierungprobleme bestehen?

Politiker sprechen laufend vom Mittelstand und werden nicht müde, seine Bedeutung für die Wirtschaft herauszustellen. Doch welche Unternehmen gehören eigentlich zum Mittelstand?

Nun, es gibt keine allgemein gültige Definition des Mittelstandes. In einer volkswirtschaftlichen Betrachtung spielt die Definition des Instituts für Mittelstandsforschung/Bonn (IfM) eine Rolle. Dort sieht man Unternehmen, die weniger als 500 Beschäftigte und einen Jahresumsatz unter 50 Mio. € erwirtschaften, als klein- und mittelständische Unternehmen (KMU) an. Als kleine Unternehmen betrachtet man Unternehmen mit weniger als 10 Beschäftigten und einem Jahresumsatz unter 1 Mio. €. Meist sind dies Familienunternehmen, bei denen die Eigentümer zugleich die Geschäftsführung des Unternehmens innehaben.

Mit einigen Unterschieden wird diese Definition auch von der Europäischen Kommission vergleichbar angewendet. Hier dürfen jedoch KMU nur bis zu 250 Beschäftigte haben, bei bis zu 50 Mio. € Umsatz oder einer Bilanzsumme von bis zu 43 Mio. €.

Wichtig ist, dass diese Unternehmen unabhängig von anderen Unternehmen sein müssen Dies bedeutet vereinfacht ausgedrückt, dass kein anderes Unternehmen mehr als 25 % der betreffenden Anteile halten darf. Als kleine Unternehmen werden solche Unternehmen eingestuft, die weniger als 50 Mitarbeiter und einen Umsatz von bis zu 10. Mio € oder eine ebenso große Bilanzsumme nicht überschreiten. Die Mehrzahl der Unternehmen in Deutschland gehört jedoch zu der Gruppe der so genannten Kleinstunternehmen. Dies sind Unternehmen mit weniger als 10 Beschäftigten, einem Umsatz von bis zu 2 Mio. € und auch einer ebenso hohen Bilanzsumme.

C. Langer, *Rating und Finanzierung im Mittelstand*,
DOI 10.1007/978-3-8349-4037-7_1, © Springer Fachmedien Wiesbaden 2013

Warum ist diese Definition so wichtig?

Sie spielt eine maßgebliche Rolle, wenn es darum geht, wie Unternehmen die Finanzierung für ihren Geschäftsbetrieb und ganz besonders natürlich auch für das Unternehmenswachstum gestalten können. Solche Unternehmen, oft Einzelunternehmen oder in der Rechtsform einer GmbH, verfügen häufig nur über begrenzte Eigenmittel. Sie sind daher auf zusätzliche Finanzierung durch Dritte, im Wesentlichen durch die Kreditwirtschaft angewiesen. Auch die Geldinstitute richten ihre Angebote nach solchen Definitionen aus. Jedes Institut nimmt jedoch individuelle Einteilungen vor, allein schon wenn es um die Frage geht, welcher Bankmitarbeiter für welches Unternehmen zuständig wird.

Eine besondere Bedeutung kommt diesen Definitionen zu, wenn es um das große Thema der Wirtschaftspolitik geht. Welche Unternehmen hat die Bundesregierung im Sinn, wenn sie vom Mittelstand spricht, von seinem Unternehmergeist, von seinem Verantwortungsbewusstsein für das unternehmerische Handeln, für die Mitarbeiter und auch für die jeweilige Region, in der die Unternehmen angesiedelt sind.

Wir haben in Deutschland rund 3,7 Millionen Unternehmen, die in die Kategorie "Mittelstand" fallen. Diese Unternehmen haben im Jahre 2010 trotz schwieriger Rahmenbedingungen laut dem Statistischen Bundesamt immerhin ein Wirtschaftswachstum von 3,6 % erreicht und einige 100.000 zusätzliche Arbeitsplätze geschaffen.

Die Rahmenbedingungen für Unternehmen werden zum einen durch die Marktbedingungen für die jeweiligen Produkte oder Dienstleistungen gestaltet, zum anderen setzen politische und volkswirtschaftlicher Faktoren den Rahmen, in denen sich Unternehmen entwickeln und finanzieren können.

In der Wirtschaftspolitik ist es besonders wichtig, nach der jeweils zugrundeliegenden Definition zu fragen. Wenn die Politik als Schlagwort Mittelstand verwendet, dann scheint es so, dass man häufig den so genannten „schwäbischen Mittelstand" vor Augen hat, also Unternehmen die eher zu den größeren Mittelstandsunternehmen gehören und häufig auch global agieren.

Tatsächlich rechnen nach Untersuchungen des Instituts für Mittelstandsforschung (IfM) 99,7 % aller Unternehmen in Deutschland zum Mittelstand, darunter die Mehrzahl zu denen Kleinstunternehmen.

Allein knapp 1 Mio. dieser Unternehmen entfallen auf Dienstleister und
Freie Berufe sowie ca. 650.000 auf das Handwerk. Der Rest verteilt sich auf
die Hauptgruppe der mittleren KMU mit 10 - 49 Mitarbeitern und etwa
2 bis 10 Mio. € Umsatz p.a. Nur eine sehr kleine Gruppe von rund 3.000
Unternehmen haben bis zu 250 Mitarbeiter und 50 Mio. Umsatz p.a. Die
Mehrzahl der Unternehmen stammt aus dem gewerblich - handwerklichen
Bereich. Alle zusammen

- erwirtschaften rund 37,5 % des Gesamtumsatzes,

- stellen ca. 70,6 % der sozialversicherungspflichtigen Arbeits- und

- über 83 % der Ausbildungsplätze

der deutschen Wirtschaftsleistung und Beschäftigungsquote. Die Netto-
wertschöpfung der mittelständischen Unternehmer beträgt über 47 %. Kein
Wunder, dass das besondere Augenmerk der Wirtschaftspolitik auf der
Unterstützung und Förderung des Mittelstandes liegt.

Die Europäische Union ist bestrebt, in Europa eine Angleichung der wirtschaftlichen Verhältnisse in den einzelnen Mitgliedsstaaten zu erreichen.
Die Wirtschaftsförderung wird maßgeblich von europäischen Vorschriften
geprägt, um dieses Ziel zu erreichen. Aus diesem Grund sind bei der
überwiegenden Mehrzahl von Fördermaßnahmen auch innerhalb Deutsch-
lands die KMU - Kriterien der Europäischen Kommission so wichtig. Der
Schwerpunkt der europäischen und der jeweiligen nationalen oder regionalen Wirtschaftsförderung soll den kleinen und mittelständischen Unternehmen zu Gute kommen.

Diese Unternehmen stehen vor dem Problem, dass sie historisch bedingt
nur über eine bescheidene Eigenkapitalausstattung verfügen. Das beginnt
oft schon mit der Existenzgründung, wenn mit einer guten Idee, aber viel
zu wenig Geld, ein Unternehmen gegründet wird. Haben Unternehmen
die schwierige Anfangszeit überstanden und sind inzwischen etabliert,
verfügen sie in der Mehrheit über eine für ihre Geschäftstätigkeit

unzureichende Eigenkapitalquote. Der Fremdfinanzierungsbedarf ist entsprechend groß.

Jeder Unternehmer kennt daher die Situation, aus unterschiedlichsten Anlässen ein Gespräch mit einer Bank führen zu müssen. Neben dem üblichen Gesprächstermin zur allgemeinen Kontoführung sind Themen wie die Einräumung eines Kontokorrentkredites für laufende Betriebsmittelausgaben der häufigste Grund für ein Beratungsgespräch bei der Bank. Ein weiterer Anlass kommt hinzu, wenn größere Anschaffungen für Maschinen oder auch Investitionen für Produktionsstätten oder Geschäftsräume erforderlich werden.

Eine wichtige Rolle spielen die Sicherheiten, die eine Bank von einem Unternehmen für die Finanzierung der Vorhaben verlangt. Bei Investitionen in Produktionsstätten, oft verbunden mit dem Kauf entsprechender Immobilien, können in der Regel diese Werte als Sicherheit dienen. Vor großen Herausforderungen stehen Unternehmen, wenn sie um markt- und zukunftsfähig zu sein, innovative Produkte mit einem hohen Forschungsaufwand entwickeln wollen und müssen. Banken können solche risikoreichen Vorhaben kaum einschätzen. Entsprechend schwierig ist die Finanzierung.

Hier setzt entsprechend die Wirtschaftspolitik an, denn der Unternehmensstandort Deutschland braucht innovative Unternehmen.

Ein wesentlicher Schwerpunkt der Wirtschaftsförderung liegt in der finanziellen Unterstützung von Forschungs- und Entwicklungsvorhaben (F&E) unterschiedlichster Art und Größenordnung.

Die Förderung von erneuerbaren Energien und der Elektromobilität stehen aktuell im Fokus der Öffentlichkeit.

In weiten Teilen der mittelständischen Unternehmen besteht ein Informationsdefizit, wie öffentliche Fördermöglichkeiten in die Gesamtfinanzierung ihrer unternehmerischen Aktivitäten eingebunden werden können. Fördermittel können häufig zu einer höheren Eigenkapitalquote beitragen und die Ratingeinstufung in eine bessere Kategorie ermöglichen.

In den nachfolgenden Kapiteln werden wir erläutern, nach welchen Kriterien Ihr Unternehmen bewertet wird, was Rating bedeutet und welche

Maßnahmen Sie innerhalb Ihres Unternehmens durchführen können, um den Finanzierungsbedarf Ihres Unternehmens so optimal wie möglich sicherstellen zu können.

1.2 Die Europäische Union und Fördermittel für den Mittelstand

Jede Volkswirtschaft lebt davon, dass die produzierten Waren und angebotenen Dienstleistungen auf den Märkten verkauft bzw. in Anspruch genommen werden. Die jeweiligen Regierungen stellen dazu die gesetzlichen Rahmenbedingungen auf. Neben den ordnungspolitischen Aspekten der Wirtschaftspolitik, besteht ein Interesse daran, auch strukturelle Maßnahmen für eine nachhaltige Entwicklung der nationalen Volkswirtschaften zu ergreifen. In Europa werden nationale Interessen in den europäischen Gremien wie der Europäischen Kommission und dem Europaparlament vertreten und rechtsgestaltend umgesetzt.

In der Europäischen Union möchte man die Wettbewerbsfähigkeit der in den nationalen Volkswirtschaften tätigen Unternehmen im globalen Markt nicht nur sicherstellen, sondern auch voranbringen.

Unternehmen kann man durch Anreize unterstützen, sich zukunftsorientiert zu verhalten, nicht nur kurzfristig betriebswirtschaftlich zu denken, sondern auch mittel- und langfristig volkswirtschaftlich sinnvoll zu handeln. Hierzu wurden in den verschiedenen Ländern der Europäischen Union zahlreiche unterschiedliche Anreizsysteme entwickelt. In Frankreich wird z.B. durch steuerliche Begünstigung von Investitionen und Forschungs- und Entwicklungsförderung (FuE) wirtschaftspolitisch Einfluss genommen. In Deutschland werden Unternehmen durch bestimmte Abschreibungsmöglichkeiten aber auch durch die Investitionszulage im steuerlichen Bereich gefördert. Eine reine steuerliche Förderung von FuE - Vorhaben wird seit längerem auch im Bundestag diskutiert. Es erscheint nach dem derzeitigen Stand jedoch wenig wahrscheinlich, dass es auf absehbare Zeit tatsächlich zu einer entsprechenden Änderung im Steuerrecht kommen wird.

Eine bedeutende Rolle spielt die Förderung nach branchenspezifischen
Gesichtspunkten. Der bekannteste und auch heftig diskutierte Bereich ist
die Agrarförderung, auf den wir hier jedoch nicht weiter eingehen. Bekannt sind auch Strukturförderungen, um in benachteiligten Regionen
positive Impulse zu setzen. Dort wirtschaftlich aktiv zu werden, zu inves-
tieren und neue Arbeitsplätze zu schaffen, hat zum Ziel eine volkswirt-
schaftliche Harmonisierung in Europa zu erreichen. Man denkt dabei zunächst an die neu hinzugekommenen osteuropäischen Staaten, weniger
bekannt ist, dass es solche Hilfe auch innerhalb der Bundesrepublik gibt.

Woher stammen die Gelder, die in Form von Fördermitteln vergeben werden? Ein ganz erheblicher Teil stammt aus europäischen Töpfen. Alle europäischen Mitgliedsländer leisten entsprechend ihrer Wirtschaftskraft
Zahlungen an die Europäische Gemeinschaft. Aus den Steuerzahlungen
aller EU - Bürger werden diese Mittel aufgebracht. Verständlich, dass sich
die Vergabe an den wirtschaftspolitischen Zielen der Europäischen Union
ausgerichtet. Die Ziele werden durch Rahmenbedingungen wie z. B. EU –
Verordnungen und EU-Richtlinien für die verschiedenen Förderungen mit
Wirkungen auch im nationalen oder regionalen Bereich umgesetzt.

Die EU-Kommission legt z.B. in Richtlinien fest, nach welchen Kriterien
bestimmte Vorhaben nach inhaltlichen Aspekten gefördert werden sollen.
Sie legt fest, wer als Antragsteller grundsätzlich berechtigt ist, solche Förderungen beantragen zu können. Generell gilt, dass es für solche Fördermittel keinen Rechtsanspruch gibt.

Die Begriffe Subvention und Beihilfe werden in diesem Zusammenhang
häufig synonym verwendet. Im offiziellen Sprachgebrauch steht der Begriff *Beihilfe* für eine staatliche Zuwendung an ein Unternehmen, ohne dass
dieses dafür eine dem Markt angemessene Gegenleistung erbringen muss.
Manchmal spricht man auch von so genannten verlorenen Zuschüssen,
weil diese Gelder nicht zurückgezahlt werden müssen. Dem Empfänger/
Unternehmen wird dadurch ein wirtschaftlicher Vorteil verschafft. Damit
der Wettbewerb im gemeinsamen Markt der Europäischen Union nicht
verzerrt wird, gibt es Regeln, in welchem Maße und in welcher Höhe solche Beihilfe an bestimmte Unternehmen oder Produktionszweige geleistet
werden dürfen, um den Handel im Binnenmarkt nicht zu verfälschen.
Gleichzeitig soll dadurch verhindert werden, dass eine Art Subventions-
tourismus entsteht, indem in einzelnen Staaten die Wirtschaft durch solche

Förderung künstlich angekurbelt wird. Generell müssen bewilligte Beihilfen der Europäischen Kommission gemeldet werden.

Eine Ausnahme stellen solche Beihilfen dar, bei denen man davon ausgeht, dass sie nicht zu einer Beeinträchtigung des freien Wettbewerbs und Handels führen. Darunter versteht man De-Minimis-Beihilfen, Beträge, die in einem Zeitraum von drei Steuerzeiträumen 200.000 € als Höchstbetrag nicht überschreiten.

In einem Exkurs wollen wir darauf hinweisen, dass solche staatlichen Fördermittel mit strengen Auflagen an einen ordnungsgemäßen Verwendungsnachweis versehen sind. Trotz intensiver Prüfungsverfahren und Kontrollen lässt sich ein Missbrauch solcher Fördermittel nicht gänzlich verhindern. Dieser schadet allen rechtschaffenen Unternehmen und wird daher strafrechtlich als Subventionsbetrug auch mit Gefängnisstrafe geahndet.

Aber wir wollen Sie nicht abschrecken, sondern vielmehr motivieren, für Ihr Unternehmen Fördermittel sinnvoll einzusetzen. Welche Fördermittel dies sein können und welche Stellen als Fördermittelgeber in Betracht kommen, erfahren Sie in Kapitel 4.

1.3   Finanzierungsmöglichkeiten und Förderungen

Die Finanzierung eines jeden unternehmerischen Engagements beginnt mit dem ersparten Kapital der Unternehmerpersönlichkeit. Je nach Art und Größe des geschäftlichen Vorhabens reichen die Mittel oft nicht aus. Die betrieblichen finanziellen Mittel sind die Zahlungsströme des Geldabflusses (Ausgaben) und des Geldrückflusses (Einnahmen). Die Geldflüsse fallen zeitlich zum Teil sehr erheblich auseinander. Diese Zeitverschiebungen der Zahlungsströme führen zu einem Kapitalbedarf. Die Höhe des Kapitalbedarfs hängt von der Höhe der Ausgaben und der Einnahmen sowie ihrer zeitlichen Verschiebung ab.

Es wird kaum einem mittelständischen Unternehmer in Deutschland möglich sein, den gesamten betrieblichen Finanzbedarf für den Betriebsprozess aus Eigenmitteln aufzubringen. Die verschiedenen Phasen wie Beschaffung/Wareneinkauf, Leistungserstellung und -verwertung, Ausgaben für

Investitionen und Personal und nicht zuletzt die Bezahlung der Ausgangsrechnungen und der Ertragssteuern klaffen in der Regel weit auseinander.
Der Unternehmer benötigt somit finanzielle Unterstützung von dritter Seite.
Bei kleineren Unternehmen kommen mitunter Darlehen aus dem Familien-
oder Freundeskreis in Betracht. Für die meisten Vorhaben wenden sich Unternehmer an ein Geldinstitut und versuchen dort einen Kredit zu erhalten.

Die Eigenkapitalquote (das ist das Verhältnis des haftenden Kapitales in
Relation zur Bilanzsumme) und damit der Anteil des betrieblichen Finanzbedarfes, der ohne Fremdmittel bestritten werden kann, hat sich in den
letzten Jahren in Deutschland verbessert. Im Vergleich mit anderen europäischen Ländern und den USA, insbesondere bei kleineren und mittleren
Unternehmen ist diese nach wie vor noch unbefriedigend.

Die Entwicklung der Eigenkapitalquoten in den Jahren 2005 bis 2010 im
Mittelstand in Deutschland zeigt **Tabelle 1.1**.

Tabelle 1.1   Durchschnittliche (gewichteter Mittelwert)
                     Eigenkapitalquoten im Mittelstand nach Anzahl FTE-
                     Beschäftigte (in Prozent)

(FTE-Beschäftigte = vollzeitäquivalente (Full-Time-Equivalent) Beschäftigte)						
	2005	2006	2007	2008	2009	2010
Weniger als 10	16,1	18,2	17,9	19,8	20,6	21,6
10–49	18,0	20,3	22,5	23,9	24,8	25,5
50 und mehr	27,2	27,5	28,1	29,0	29,4	28,6
Gesamt	22,5	23,9	24,6	25,4	26,3	26,6

Anmerkung: Mit der Anzahl der Beschäftigten hochgerechnete und mit der
Bilanzsumme gewichtete Mittelwerte der Eigenkapitalquote. Hochrechnungen
nur für Unternehmen mit Bilanzierungspflicht und exklusive Einzelunterneh-
men/Einzelkaufleute.

Quelle: KfW-Mittelstandspanel 2005, 2006, 2007, 2008, 2009, 2010.

Der Unternehmer ist auf „fremdes" Geld angewiesen. Er muss sich „fremdes" Kapital beschaffen, um sein Unternehmen „am Laufen zu halten".

KMU haben so gut wie keinen Zugang zur Geldbeschaffung am freien Kapitalmarkt. Traditionell erfolgt hierzulande die Fremdkapitalbeschaffung über Bankkredite. Das sind für den mittelständischen Unternehmer insbesondere die Sparkassen und Genossenschaftsbanken.

Banken stellen strenge Anforderungen an die Kreditvergabe, da sie selbst mit Basel III umfangreichen Bedingungen und erheblichen Anforderungen nachkommen müssen.

Unternehmer und Berater müssen sich mit diesen Bedingungen und Anforderungen auseinandersetzen, die geforderten Voraussetzungen schaffen und sich vorbereiten. In Zeiten von EDV-gestützten Zahlenwerken (Kalkulationen, Rechnungsstellung, Buchhaltung, Bilanzen, Controlling, betriebswirtschaftlichen Auswertungen, Unternehmensplanungen, Finanzplanungen, etc.) können diese Voraussetzungen und Vorbereitungen mit vertretbarem Aufwand geleistet werden.

Neben dieser klassischen Finanzierung durch einen banküblichen Kredit, gibt es besonders für kleine und mittelständische Unternehmen öffentliche Finanzierungshilfen. Am bekanntesten sind Darlehen, die zu unter marktüblichen Zinssätzen liegenden Konditionen vergeben werden, meist noch verbunden mit längeren Laufzeiten und einer Zinsfestschreibung. In besonderen Fällen werden auch tilgungsfrei Jahre zu Beginn der Laufzeit eingeräumt. Diese zinsbegünstigten Darlehen sind ein wichtiges Beihilfeinstrument bei dem das Zinsrisiko auf Seiten der Mittelgeber liegt.

Diese Darlehen werden in vielen Fällen durch Bürgschaften ergänzt, die von den Bürgschaftsbanken vergeben werden. Voraussetzung für solche Bürgschaften ist es, dass das jeweilige Vorhaben als sinnvoll und tragfähig für das Unternehmen eingeschätzt wird. Mangelt es an den banküblichen Sicherheiten, können Bürgschaften an diese Stelle treten. Diese dürfen im Regelfall 2 Mio. € nicht übersteigen.

Ergänzt werden solche staatlichen Beihilfen durch Zuschüsse, die zweckbezogen für bestimmte Vorhaben gewährt werden. Abhängig von der Art des Vorhabens, der Branche und der Unternehmensgröße können weitere

Finanzierungsinstrumente wie beispielsweise Risiko- oder Mezzanine-kapital herangezogen werden. Dabei handelt es sich um privatwirtschaftliche Organisationen, die bereit sind, vorwiegend erfolgversprechenden aber dennoch risikoreichen Vorhaben Gelder in Form von Unternehmensbeteiligungen zur Verfügung zu stellen

In diesem Ratgeber liegt der Schwerpunkt jedoch auf der öffentlichen Förderung bei der Unternehmensfinanzierung für den Mittelstand.

Unsere praktische Erfahrung hat gezeigt, dass Unternehmen sich häufig erst dann mit dem Thema der Finanzierung beschäftigen, wenn ein Problem ansteht. Meist sollen, dann sehr kurzfristig, finanzielle Mittel für unterschiedliche Vorhaben im Unternehmen beschafft werden. Unter Zeitdruck können kaum die besten Finanzierungsmöglichkeiten für ein Unternehmen gefunden werden. Unternehmer, die auf diese Weise die Unternehmensfinanzierung betreiben, sind dann froh, überhaupt von der Bank Mittel zu erhalten. Dabei werden häufig nicht gewollte Zugeständnisse gemacht und zudem können Abhängigkeitsrisiken für ein Unternehmen entstehen.

Die Ursache eines solchen Verhaltens liegt gar nicht selten darin, dass selbst gestandene Unternehmer bei Bankgesprächen verunsichert sind. Während man sonst auch manchmal mit „harten Bandagen" um Vertragskonditionen mit Kunden und Lieferanten verhandeln kann, sinkt allzu oft dieses Selbstbewusstsein, wenn es darum geht, in gleicher Weise für sein Unternehmen bei der Bank aufzutreten. Dabei sind Kreditgespräche mit Banken eigentlich nichts anderes als Verhandlungen wie mit allen anderen Geschäftspartnern, z. B. wichtigen Lieferanten oder Kunden.

Ein Grund dafür mag an der im Bankbereich üblichen Fachsprache mit vielen Fachbegriffen liegen, mit denen Unternehmen im Alltag meist nur wenig zu tun haben. Größere mittelständische Unternehmen, die über eigene Abteilungen für die Buchhaltung und Finanzierung verfügen, sind meist besser aufgestellt. Scheuen Sie sich nicht, nachzufragen und sich alles erklären zu lassen, was für Sie wichtig ist. Dies können zum Beispiel auch Fragen nach anderen Finanzhilfen als nur den bankeigenen Finanzprodukten sein. Die Mehrzahl der kleinen und mittelständischen Unternehmen kennt leider trotz umfangreicher Werbe- und Informationskampagnen andere Finanzierungsprodukte oft nur vom Hörensagen. Immer noch kursiert auch das Vorurteil, dass es schier unüberwindliche bürokratische Hürden gäbe, zusätzliche öffentliche Finanzierungshilfen zu erhalten Es kann vorkommen, dass Ihr Bankberater nur unzureichende Kenntnisse über solche Fördermittel hat: Bitten Sie ihn, sich für Sie zu informieren.

Der wichtigste Tipp, den wir Ihnen mitgeben wollen, ist, sich regelmäßig um alle Fragen der Unternehmensfinanzierung zu kümmern. Informieren Sie sich so früh wie möglich über geeignete Finanzierungsmöglichkeiten. Mit guter Vorbereitung auf das Bankgespräch sowie aufbereiteten und vollständigen Unterlagen können Sie als Unternehmer dem Gespräch mit der Bank optimistischer entgegen sehen. Nicht zuletzt ist jeder Unternehmer gut beraten, das Gespräch mit der Bank selbst und rechtzeitig zu suchen. Die Wechselbeziehung erfordert ein permanentes gegenseitiges miteinander kommunizieren. Es gilt: je früher, desto besser!

1.4   Unternehmensbewertung - Was bedeutet Rating?

Auch wenn „Rating" und „Raten" ähnlich klingen und manch einem die Fragen, um die es dabei geht an ein Ratespiel denken lassen, so hat dies damit herzlich wenig zu tun. Rating entstammt dem im internationalen Finanzbereich üblichen anglo-amerikanischen Sprachgebrauch und bedeutet übersetzt „Bewertung" und „Einstufung" gleichermaßen.

Die Kombination aus Unternehmensbewertung, diese im Vergleich zu anderen zu setzen und aus einer Vielzahl von Bewertungen Einschätzungen systematisch beurteilen zu können, führte zu einer mehrstufigen Skala einer Chancen-Risiko-Betrachtung.

Nur eine neue Masche der Geldinstitute? Keinesfalls, Bewertungen vorzunehmen ist so alt, wie es einen Waren- oder Leistungsaustausch zwischen den Menschen gibt. Jeder nimmt täglich – oft unbewusst - eine Vielzahl von Einschätzungen vor, die meisten davon sind sehr subjektiv.

Unabhängig, ob es sich um einen neuen Bewerber handelt, ob man einen neuen Lieferanten auswählt oder einen neuen Kunden gewinnen möchte, jedes Mal wird mal mehr mal weniger bewusst versucht, diesen zu beurteilen. Genauso hat jeder auch schon einmal erlebt, dass man sich bei dem eigenen Urteil getäuscht hatte. Sehr persönliche Erfahrungen lassen sich nicht generell übertragen, es erfordert objektive Kriterien.

Dies ist der entscheidende Unterschied zu früheren Verfahren in der Unternehmensbewertung und eben auch Finanzierung. Je komplexer und komplizierter unser gesamtes Wirtschaftsleben und je globaler auch die Finanzmärkte geworden sind, desto mehr ist der Bedarf an verlässlichen und objektivierbaren Kriterien gestiegen.

Positiv daran ist, dass gerade kleine und regional agierende Unternehmen unabhängig von persönlichen Einschätzungen oder gar Wohlwollen Einzelner bei den Banken geworden sind. Nicht zuletzt unterliegen auch Banken selber solchen Ratings.

Welche Wechselwirkungen das Rating der Banken in Bezug auf die Unternehmen und Kreditvergaben haben und was man als Unternehmer wissen und beachten sollte, erläutern wir in Kapitel 2.

2   Die Zwänge der Kreditinstitute verstehen

Klaus Eschenburg

2.1   Einleitung

> *„Nur wer den anderen versteht,*
> *wird selbst verstanden".*

Diese Volksweisheit soll Ihren Blick darauf lenken, dass ein Gespräch auf Augenhöhe nur dann stattfinden kann, wenn jeder das Umfeld des anderen kennt oder zumindest einzuschätzen weiß.

Die meisten kleinen und mittelständischen Unternehmen sind erfolgreich, weil sie ihr Produkt oder ihre Dienstleistung möglichst optimal am Kundenbedürfnis ausrichten. Bei notwendigen Finanzierungsgesprächen mit Finanzinstituten tritt aber häufig Unverständnis auf für die stetig steigenden Informations- und vor allem Dokumentationserfordernisse vor und während einer Finanzierung. Die Ansprechpartner auf Bankenseite sind geschult in den neuen regulatorischen Anforderungen. Sie müssen diese umsetzen, denn sie stehen unter dem Zwang „liefern" zu müssen.

Kleinere und mittlere Unternehmen (KMU) prägen die deutsche Unternehmenslandschaft. Sie haben nach den Feststellungen der Deutschen Bundesbank (1) in den letzten 20 Jahren unverändert ihre Außenfinanzierung über traditionelle Bankkredite vorgenommen. Deshalb werden sich die folgenden Ausführungen auf die aktuellen Veränderungen im Regelwerk und der Aufsichtsbestimmungen für Finanzinstitute und ihre Bedeutung und Konsequenzen für die Vergabe vor allem von Bankkrediten beschränken. Auswirkungen der geänderten Regeln sind dennoch auch für alternative Finanzierungsformen wie Leasing, Factoring und Geld- und Kapitalmarktpapiere relevant.

C. Langer, *Rating und Finanzierung im Mittelstand,*
DOI 10.1007/978-3-8349-4037-7_2, © Springer Fachmedien Wiesbaden 2013

Ausgangspunkt der umfangreichen aktuellen Veränderungen im Finanz-
sektor war die globale Finanzkrise der Jahre 2007/2008. Sie wurde im Wesentlichen hervorgerufen durch:

■ zu hohe Liquidität in den nationalen (vor allem USA) und globalen
  Märkten

■ Immobilienpreisübersteigerungen vor allem in den USA

■ das Ausnutzen der fehlenden Regulierungen für die Verbriefung von
  Krediten und dem zunehmenden, unregulierten Handel der Banken
  mit Derivaten

■ Kreativität der Märkte für neue, vor allem derivative (d. h. abgeleitete
  und damit synthetische und vorwiegend nicht an realen Grundgeschäf-
  ten ausgerichtete) Finanzinstrumente. Beispiele hierfür sind Versicherungen gegen Kreditausfälle in Form von Credit Default Swaps (CDS),
  deren Komplexität und hohe Handelsvolumina die Risiken nahezu un-
  überschaubar machten.

Verstärkt durch die aufgrund der Globalisierung zugenommene Vernetzung
der Finanzzentren beschränkte sich die Finanzkrise nicht auf einzelne Staaten oder Wirtschaftsregionen. Sie war vielmehr weltweit spürbar durch:

■ Kreditausfälle oder Zahlungsverpflichtungen(z.B. aus den CDS) in
  Summen, die einzelne Banken in die Insolvenz oder nahe daran führ-
  ten. Fast alle Staaten waren zu staatlichen Unterstützungsmaßnahmen
  ihrer nationalen Banken gezwungen. Diese brachten viele Länder selbst
  in Zahlungsschwierigkeiten an den internationalen Kapitalmärkten.

■ Den bemerkenswerten Vertrauensverlust an den Märkten, den insbesondere der Interbankenmarkt zu spüren bekam. Da die Banken sich
  untereinander kein Geld mehr liehen, mussten zwangsläufig die Zentralbanken in bisher nicht bekannter Größenordnung einspringen, um
  die Märkte vor einem Zusammenbruch zu bewahren.

■ Schließlich veränderte sich die internationale Bankenlandschaft durch
  Fusionen. In Deutschland ist dies insbesondere im Landesbankenbe-
  reich sichtbar. Diese suchen nunmehr nach neuen Geschäftsmodellen,
  sofern die jeweilige Landesbank überhaupt noch eine Überlebenschan-
  ce hat.

2.2 Verschärfte Eigenkapitalvorschriften

Auf diese Entwicklungen reagierten die Regierungen und Zentralbanken nach ersten Analysen mit dem Gebot schärferer Regulierungen, um die erkannten Risiken zukünftig vorhersehbarer und beherrschbarer zu machen.

Die Institution, die hierbei eine entscheidende Rolle für die internationale Abstimmung und Koordination von Regeln spielt, ist die Bank für Internationalen Zahlungsausgleich – kurz BIZ- genannt. Sie hat ihren Sitz in Basel und hat als Bank der Zentralbanken vielfältige Aufgaben im internationalen Zahlungsausgleich der Zentralbanken. Hier ist von besonderem Interesse ein in Folge der ersten Banken- und Staatsschuldenkrisen, wie Brasilien, Mexiko, Südafrika und viele mehr, 1974 gebildeter Ausschuss, der unter dem Vorsitz des damaligen Präsidenten der Bank von England, Cooke, stand.

Dieser sollte mit seinem „Cooke-Committee" Empfehlungen zu Risikobegrenzungen im internationalen Finanzgeschäft erarbeiten. Erst 1988 wurde mit der Empfehlung Basel I beschlossen, dass die Banken gemessen an den in ihren Bilanzen ausgewiesenen Risiken, vornehmlich den Kreditvolumina, mindestens 8 % an Eigenkapital vorhalten sollten.

Aufgrund des schnellen Wachstums und der Veränderungen der globalen Finanzmärkte stellte sich heraus, dass die alleinige Ausrichtung auf Bankkredite zu wenig den sich veränderten Risiken Rechnung trug. So erfolgte 2007 mit Basel II eine weitere Differenzierung und Erfassung auch operationeller Risiken, wie sie sich zum Beispiel infolge des Attentats in New York am 11.September 2001 gezeigt hatten.

Das nunmehr neueste Regelwerk Basel III liegt seit Dezember 2010 vor.

Nach einer zur Vorbereitung auf Basel III erfolgten Analyse der BIZ erreichten die Verluste weltweit tätiger Banken in der letzten Finanzkrise bei 99 % der Institute weniger oder gerade einmal 5 % der risikogewichteten Aktiva (2).Dies hätte bei dem bereits in Basel I und II festgeschriebenen Eigenkapitalerfordernis von mindestens 8 % der risikogewichteten Aktiva demnach nicht zu der eingetretenen Instabilität des Systems führen dürfen.

Es zeigte sich aber, dass die in Basel I und II bisher erfolgte Definition des Eigenkapitals zu viele Gestaltungsmöglichkeiten bot. Das auf diese Weise ausgewiesene Eigenkapital konnte mangels Verfügbarkeit nicht die entstandenen Verluste auffangen. Deshalb setzen die Neuregelungen in Basel III vor allem an diesem ersten Schwachpunkt der bisherigen Definitionen an.

Die Empfehlung von Basel III geht nur noch von zwei Arten des Eigenkapitals aus:

1. Das sogenannte „harte" Eigenkapital (Tier 1)

    Dieses besteht im Wesentlichen aus tatsächlich eingezahltem Eigenkapital und eventuellem Disagio und bestimmten Rücklagen, vor allem den Gewinnrücklagen der Banken. Wichtig ist, dass dieses Kapital eingezahlt und nachrangig zu allen anderen Verbindlichkeiten ist und unbegrenzt sowie uneingeschränkt zur Verrechnung mit eintretenden Verlusten zur Verfügung steht.

2. Das Ergänzungskapital (Tier 2)

    Dessen zugewiesene Mittel sind nachrangig zu den Einlagen und sonstigem Fremdkapital der Bank und stehen der Bank für mindestens 5 Jahre unkündbar zur Verfügung. Die zuvor zulässigen weiteren dem Eigenkapital zurechenbaren Finanzmittel sind nicht mehr anrechenbar und in den nächsten Jahren durch hartes oder ergänzendes Eigenkapital zu ersetzen.

Zugleich wurden die Quoten des Eigenkapitals neu festgesetzt und durch das Erfordernis eines bis 2019 zu schaffenden Kapitalerhaltungspuffers und eines ab 2019 einsetzenden antizyklischen Puffers über die bisherige 8% Quote hinaus erhöht, wie das **Abbildung 2.1** verdeutlicht.

Für sogenannte systemrelevante Banken, das sind die, deren Ausfall irreparable oder unvorhersehbare Auswirkungen auf den zu beobachtenden Finanzmärkten hervorrufen würde, wurde ein zusätzliches Eigenkapitalerfordernis in Höhe von bis zu weiteren 2,5 % inzwischen festgelegt.

Abbildung 2.1   Eigenkapitalerfordernisse nach Basel II und Basel III

Basel II „heute"

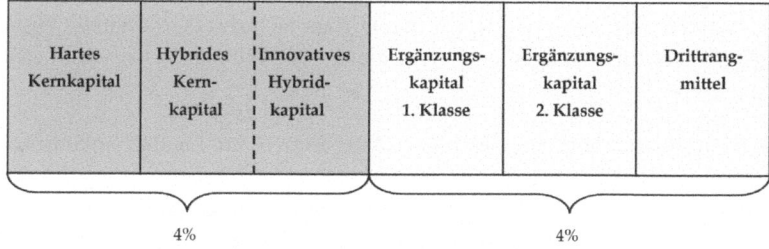

Hartes Kernkapital	Hybrides Kern- kapital	Innovatives Hybrid- kapital	Ergänzungs- kapital 1. Klasse	Ergänzungs- kapital 2. Klasse	Drittrang- mittel

4%   4%

Gesamteigenkapitalquote 8 %

„Basel III" (Zielwert 2019)

Hartes Kernkapital 4,5%	Zusätzliches Kernkapital 1,5%	Ergänzungs- kapital 2,0%	Kapital- erhaltungspuffer aus hartem Kernkapital 2,5%	Antizyklischer Puffer 2,5%

Gesamteigenkapitalquote 13%

Zur vertieften Information wird auf die Ausführungen der Deutschen Bundesbank [4] verwiesen.

Diese neuen Anforderungen zwingen die Banken nunmehr seit 2011 ihr Eigenkapital im Sinne der neuen Anforderungen neu auszurichten und entsprechend der ebenfalls überarbeiteten Risikogewichtungen und dem aktuellen Geschäftsumfang zu erhöhen. Dies erfolgt entweder durch Kapitalerhöhungen, die angesichts der noch immer vorsichtigen Haltung der Investoren gegenüber Finanzinstituten schwerer durchzusetzen sind oder durch die Zuweisung von Gewinnen in die Rücklagen. Dabei kam den

internationalen Banken entgegen, dass gerade die erforderliche Unterstützung des Bankensektors in der Finanzkrise die unterstützenden Staaten
zwang, sich an den Kapitalmärkten zu verschulden. Die zur Kapitalauf-
nahme eingesetzten Anleihen der Staaten wurden von den Banken im
Markt platziert und dafür gute Provisionen verdient. Im Übrigen konnten
die Banken weltweit davon profitieren, dass sich die Wirtschaftskonjunk-
tur von den Rückschlägen nach der Finanzkrise schneller als erwartet erho-
len konnte.

In Deutschland sind von wenigen Ausnahmen im Landesbankensektor
abgesehen die neuen Anforderungen an die neu definierten Eigenkapitalanforderungen bis 2018 erfüllbar. Sparkassen und Volksbanken haben
ausreichend Zeit, z.b. ihre stillen Einlagen nach den neuen Regeln in „har-
tes Eigenkapital" zu überführen. Die in 2011 von der neu geschaffenen
europäischen Bankenaufsichtsbehörde EBA (European Banking Authority)
diesbezüglich durchgeführten Stresstests haben diese Erwartung bestätigt.

„Es steht daher zu Beginn 2012 nicht zu befürchten, dass es zu der vielfach
problematisierten Kreditklemme für den Mittelstand kommt und damit die
kleinen und mittleren Unternehmen nicht mit der für ihr Geschäft notwendigen Liquidität versorgt werden. Die Banken sind nicht zuletzt wegen der
extrem großzügigen Liquiditätsversorgung durch die Europäische Zentralbank bis 2013 nicht gezwungen, ihre risikogewichteten Aktiva massiv zu
reduzieren, um die Eigenkapitalanforderungen an Basel III zu erfüllen",
wie Sabine Lautenschläger, Vizepräsidentin der Deutschen Bundesbank,
festgestellt hat [3].

2.3   Risikogewichtete Aktiva

Aktiva bezeichnen in einer Bilanz die Mittelverwendung, während Passiva
die Mittelherkunft bezeichnen. Bei Banken sind deshalb auf der Aktivseite
die Forderungen an Kunden, z.b. in Form von Krediten, ausgewiesen. Auf
der Passivseite stehen dagegen zum Beispiel die Eigenmittel und Rücklagen.

Neben der soeben dargestellten Neudefinition des regulatorischen Eigenkapitals für Banken wurden wie schon in Basel II auch in Basel III die Risi-

kogewichtungen der Aktiva der Banken genauer definiert. Maßstab für die Eigenkapitalerfordernisse der Banken sind die sogenannten „risikogewichteten Aktiva".

Darunter sind die in den Bilanzen von Kreditinstituten ausgewiesenen Aktiva zu verstehen, die nach den Basel-Regeln mit Eigenkapital zu unterlegen sind. In Basel I wurden in der Folge der Staatsschuldenkrisen der 70er und 80er Jahre hauptsächlich nur Buchforderungen, das heißt bilanziell ausgewiesene Kreditforderungen an Kunden, seien es Privatkunden oder Firmenkredite sowie Staats- und Kommunalkredite, den risikogewichteten Aktiva zugerechnet. In den Regelungen von Basel II erfolgte hingegen schon der Versuch, auch die anderen nicht in der Bilanz ausgewiesenen Risiken besser zu erfassen.

Hierzu zählten vor allem die durch die Verbriefungen von den Banken zur Geschäftsausweitung gezielt aus den Bilanzen herausgenommenen Risiken. Bei Verbriefungen begeben die Banken Kapitalmarktpapiere wie Anleihen oder Zertifikate, die mit Kreditforderungen unterlegt sind, und platzieren diese über die Kapitalmärkte weltweit. Um die Handelbarkeit dieser Verbriefungen zu erhöhen, wurden diese Papiere von den großen Ratingagenturen mit einem Rating versehen und wiesen für Investoren zugleich eine attraktivere Verzinsung auf als Direktinvestitionen. Es entstand ein sich stetig ausweitender Markt, dessen starkes Wachstum allein durch die vorhandene Liquidität begrenzt war.

Da die amerikanische Notenbank zugleich die US-Märkte überreichlich mit dieser Liquidität versorgte, schien bis zum Platzen der Immobilienblase ein unbegrenztes Wachstum dieses bei der Risikoeinschätzung nicht erfassten Marktsegmentes möglich. Dies war das goldene Zeitalter der Investmentbanken, deren Gewinne bisher nicht gekannte Höhen erreichten und zu den im Übrigen zu Recht auf wenig Verständnis stoßenden, exorbitanten Gehältern und Boni der Händler und Vorstände in dieser Branche führte. Mit Basel III werden die Grenzen dieser Geschäftsbereiche durch die stärkere Einbeziehung von Verbriefungen in die Berechnung der risikogewichteten Aktiva der Banken enger gezogen. Da für Privatpersonen und KMU aber unverändert traditionelle Kreditformen den Schwerpunkt der Finanzierung darstellen, wenden wir uns hier vor allem den Kreditforderungen zu.

Es ist festzuhalten, dass die Eigenkapitalanforderungen an Kreditengagements der Banken entscheidend von der Bonität, d.h. der Kreditwürdigkeit
der Schuldner abhängen.

Basel I sah für Kredite an private Nichtbanken generell, d.h. unabhängig
von ihrer Bonität, ein Eigenkapitalerfordernis von 8% auf den nominellen
Kreditbetrag vor.

So waren von der finanzierenden Bank für einen Kredit über € 100.000
jeweils € 8.000 an Eigenkapital vorzuhalten. In Basel III wird nun stärker
differenziert. Je nach Bonität wird ein Eigenkapitalerfordernis für Kredite
an Nichtbanken von 20% bis 150% bezogen auf die vorgenannten 8 % Eigenkapital unterstellt.

Aufgrund der Bemühungen auf deutscher Verhandlungsseite konnte zusätzlich erreicht werden, dass das bereits 2004 für Basel II ausgehandelte
Mittelstandspaket auch unter Basel III Bestand hat. Allerdings ist vereinbart, diese Privilegierung nach 2 Jahren nach Inkrafttreten noch einmal
hinsichtlich der Betragsgrößen zu untersuchen und gegebenenfalls anzu-
passen. Die Privilegierung des Mittelstandes bedeutet, dass Mittelstandskredite bei ausreichender Bonität(d.h. Investment Grade) nur mit 75% statt
mit 100% ihres Nominalbetrages den risikogewichteten Aktiva zugerechnet werden. Um einen Mittelstandskredit handelt es sich dann, wenn das
Gesamtengagement des Kunden unter 1 Mio. € liegt, das Unternehmen
einen Umsatz unter 50 Mio. € hat und das Kreditinstitut über ein hinrei-
chend großes Firmenkundenkreditportfolio in dieser Bandbreite verfügt,
sodass Ausfälle einzelner Risiken in dieser Größenordnung für die entsprechende Bank nicht existenzgefährdend werden können.

Tabelle 2.1 zeigt, mit welchem Hebel die aktuelle Kreditwürdigkeitseinstu-
fung (Rating) eines Firmenkunden die Möglichkeiten einer Bank beein-
flusst, einerseits Neugeschäft zu machen oder es andererseits bei steigenden Risiken zwingt, ihr Kreditgeschäft zu reduzieren, denn es wird kaum
gelingen, bei sich verschlechterndem Kreditportfolio umgehend neues
Kapital aufzunehmen:

Tabelle 2.1 Annahme: Eigenkapital der Bank: 10 Mio. €

EK-Erfordernis:	8%	8%	8%	8%	8%
Risikogewichtung nach Rating	20%	50%	75%	100%	150%
gebundenes EK im Kreditportfolio	1,60%	4%	6%	8%	12%
Kreditgrenze der Bank	625 Mio €	250 Mio. €	166,7 Mio. €	125 Mio. €	83,2 Mio. €

Aus dieser Übersicht soll das Anreizsystem für Banken erkennbar werden. Je geringer das jeweilige Risiko eines Kreditnehmers ist, desto größer wird der Spielraum für Banken in der Kreditvergabe. War dagegen das Risiko schon hoch bei Begründung der Geschäftsbeziehung oder verschlechtert sich ein Kreditrisiko während der vereinbarten Laufzeit, so engt sich der Spielraum für das Handeln der Banken zunehmend ein. Den Banken ist also zwangsläufig daran gelegen, sich ihre Spielräume für die Zukunft zu erhalten und nicht notgedrungen, Geschäft abbauen zu müssen.

In diesem Zusammenhang gewinnt deshalb das Risikomanagement der Banken eine neue Bedeutung, denn nur mit einem effizienten und zeitnahen Risikomanagement ist eine Früherkennung sich ändernder Risiken und damit eine Steuerung des Kreditportfolios überhaupt flexibel möglich.

2.4 Mindestanforderungen an das Risikomanagement von Finanzinstituten (MaRisk)

Die Beschlüsse hinsichtlich Basel I bis III stellen nur Empfehlungen zur Harmonisierung der internationalen Aufsichtsregeln dar. Um Verbindlichkeit dieser Empfehlungen herzustellen, bedarf es daher noch der Umsetzung in nationales Recht. So haben die USA die Basler Beschlüsse bisher nur für die großen und international agierenden Banken umgesetzt. Die

Immobilienkrise hat die Konsequenzen dieser nur halbherzigen Umsetzung durch den massenhaften Zusammenbruch von kleinen und mittleren Finanzinstituten in den Jahren 2007-2011 verdeutlicht. In Europa erfolgte die Umsetzung der Basler Empfehlungen dagegen einheitlich für alle Banken durch die Eigenkapitalrichtlinie (Capital Requirement Directive, aktuell als CRD IV) in der Abstimmung zwischen den Finanzministern der EU und dem Europaparlament. Insgesamt gewinnt die europäische Gesetzgebung zunehmende Bedeutung und es ist darauf zu achten, dass die nationalen Besonderheiten, die in Deutschland bei Sparkassen und Volksbanken vorhanden sind, ausreichende Berücksichtigung finden. Durch die sogenannte Solvabilitätsrichtlinie wurden die Basler Beschlüsse in europäisches Recht auch für weitere Finanzdienstleister mit entsprechenden nationalstaatlichen Freiheiten umgesetzt. Für diese Freigrenzen, die über den Mindeststandard Basel III hinauszugehen, wird seit Mai 2012 die entsprechende Abstimmung auf europäischer Ebene durchgeführt.

In Deutschland wurden mit Blick auf Basel II vor allem durch die MaRisk Ende 2005 bereits verbindliche nationale Regelungen geschaffen. Diese Rechtsverordnung der Bundesanstalt für Finanzaufsicht wurde seitdem kontinuierlich fortgeschrieben und gilt zurzeit in der Fassung von Dezember 2010 (5).

Im Zuge dieser Fortschreibungen veränderten sich von der Öffentlichkeit beinahe unbemerkt die Anforderungen an die Kreditvergabe in Deutschland für alle Kreditinstitutsgruppen in tiefgreifender Weise durch:

■ verbindliche Trennung der Organisation innerhalb von Banken in Markt und Marktfolge

■ klar definierte Prozessabläufe in der Kreditvergabepraxis

■ verbindliche Einführung von Verfahren zur Früherkennung von Risiken

■ verbindliche Einführung von Risikoklassifizierungsverfahren

■ verbindliche Vorgaben für Stresstests

■ vierteljährlicher Risikobericht einer Bank an die Finanzaufsicht

Durch die geforderte Trennung der Organisation von Markt und Marktfolge bis hinauf in die Vorstandsebene der Banken wird transparent, wer über einen Kreditantrag entscheidet. In der Regel gilt das Vier-Augen-Prinzip, d.h. wenn die Kredithöhe nicht ohnehin die Entscheidung eines Kreditausschusses erfordert, trägt die Kreditgenehmigung die Unterschrift von einem Vertreter des Marktes und eines Vertreters der Marktfolge. Dies dürfte bei den meisten Genehmigungen von Mittelstandskrediten der Fall sein.

Durch diese Zweistufigkeit des Kreditgenehmigungsprozesses soll sichergestellt werden, dass dem subjektiven Eindruck vom Kunden auf der Marktseite eine objektivere Beurteilung der Marktfolge gegenübergestellt wird. Dies ist nicht immer konfliktfrei, denn die Marktseite gewinnt ein gewisses Vertrauensverhältnis zum Kunden und lässt sich von den Ideen des Kunden begeistern, zumal sie unter Erfolgsdruck durch entsprechende Vertriebsvorgaben der Geschäftsleitung steht.

Obwohl auch die Marktfolge gewisse auf Ertragswachstum gerichtete Vorgaben erhält, so liegt deren Hauptverantwortung jedoch in der ständigen Beobachtung und Verbesserung der Qualität des Kreditportfolios anhand nachvollziehbarer möglichst objektiver Beurteilungskriterien.

Bereits diese organisatorische Trennung lässt erkennen, wie wichtig es deshalb für Kreditgespräche ist, der Marktseite so vollständige und zeitnahe Informationen und Dokumente zur Verfügung zu stellen, dass es gelingt, die Marktfolge bereits im ersten Anlauf von der Vertretbarkeit des Engagements oder des neuen Finanzierungswunsches zu überzeugen.

Die MaRisk verlangen weiter, dass die Kreditprozesse nicht nur genau definiert werden, sondern durch entsprechende interne Dokumentationen auch jederzeit für die interne Revision und die Finanzaufsicht nachvollziehbar sind. Dies mag dem außenstehenden Firmenkunden verdeutlichen, dass die beharrliche Einforderung von Informationen und Dokumenten seitens der Bank kein Misstrauen oder Selbstzweck ist. Die Bankmitarbeiter erfüllen nur die internen und gesetzlichen Anforderungen. Sollten diese den Verpflichtungen nicht nachkommen, so haben sie persönlich mit Konsequenzen zu rechnen.

Die Finanzkrise hat auch verdeutlicht, dass die Bonitätsprüfung zu Beginn des Engagements und in nur jährlichem Rhythmus nicht ausreichend ist, um Risiken frühzeitig zu erkennen. Die Märkte reagieren gerade durch die internationale Vernetzung und technischen Kommunikationsmöglichkeiten so rasch und volatil, dass es in immer kürzeren Zeitabständen zu Auf- und Abwärtsbewegungen in der Auftrags- und Finanzierungslage der Marktteilnehmer kommt. Deshalb wurden die Instrumente zur Früherkennung von Risiken gezielt verfeinert, zum Beispiel durch verbindliche Kontobeobachtungsmodelle. Hierin wird das Zahlungsverhalten des Kunden laufend mit Blick auf Auffälligkeiten analysiert, zum Beispiel, ob es zu Rücklastschriften kommt oder verstärkt der gewährte Kontokorrentrahmen im Laufe eines Monats in Anspruch genommen wird oder ob es gar zu nicht abgesprochenen Überziehungen kommt. Hier ist es für das Verhältnis Kunde/Bank wichtig, die Bank möglichst aktiv und vorab über auffällige, von dem bisherigen Geschäftsverlauf abweichende Entwicklungen oder sich wandelnde Usancen zu informieren. Da die Banken auch gezielt auf externe Informationsquellen zurückgreifen, wie zum Beispiel die Schufa, sollten auch hier Veränderungen in den Eintragungen frühzeitig der Bank angezeigt werden. So gehen immer mehr Banken dazu über, nicht nur regelmäßige Auskünfte über Kunden bei der Schufa einzuholen, sondern auch das separate Scoringverfahren der Schufa zu nutzen. Beim Scoring handelt es sich um systematische, mathematische Verfahren, die es nach bestimmten Kriterien und aufgrund gewonnener Erfahrungen erlauben, eine Prognose über Chancen und Risiken z.B. eines Kreditengagements abzugeben.

Praxistipp: Weitere Informationen zum Schufa-Scoring finden Sie unter www.scoring-wissen.de.

Dem Kreditantragsteller ist zu empfehlen, sich generell, aber zumindest im Vorfeld einer Finanzierungsanfrage über *Schufa-online* ein aktuelles Bild über die von ihm und seiner Firma gespeicherten Daten bei der Schufa zu verschaffen. Nur so kann unliebsamen Überraschungen vorgebeugt werden. Auch wird häufig übersehen, dass erledigte Einträge bei der Schufa gegebenenfalls zeitnah korrigiert werden sollten. Gleiches gilt für den Mittelständler für die Auskunfteien Creditreform, Bürgel oder Hermes. Auch hier können unter Berufung auf das Datenschutzgesetz Selbstauskünfte angefordert werden. Im Übrigen sollten Sie bei Ihrer Bank erfragen, welche externen Informationsquellen von dieser in der Regel genutzt werden. Dann können Sie angemessen reagieren.

> **Praxistipp** zu Schufa-Anfragen: Das Ergebnis im Scoring der Schufa kann dadurch negativ beeinflusst werden, dass der Mittelständler bei mehreren Banken zur Klärung der Markt- und Konditionslage gleichzeitig Kreditanfragen stellt. Entscheidend ist in diesen Fällen, ob die Banken dann ihre obligatorischen Anfragen bei der Schufa unter *„Kreditanfrage"* oder *"Konditionsanfrage"* stellt. Konditionsanfragen beeinflussen das Scoring nicht, während gleichzeitig mehrere *Kreditanfragen* einen negativen Effekt auf den Scoringwert der Schufa ausüben, denn sie erwecken den Anschein erhöhten Kreditbedarfs. Deshalb sollte darauf geachtet werden, dass die aus Preisvergleichsgründen um ein Finanzierungsangebot angefragte Bank nur eine „Konditionsanfrage" bei der Schufa startet, um so den zuvor geschilderten Negativeffekt zu vermeiden.

Schon Basel II sah die Einführung von Risikoklassifizierungsverfahren vor. Allerdings bestand wegen der Übermacht der 3 großen amerikanischen Ratingagenturen Standard & Poor's, Moody's und Fitch, die zudem vorwiegend Kapitalmarktpapiere raten, sowie den für KMU in der Regel zu teuren Ratingverfahren berechtigter Widerstand gegen die Verpflichtung, diese Ratings verbindlich für alle Kreditnehmer einzuführen. Hinzu kommt, dass die amerikanische allein auf den Cash-Flow abstellende Sichtweise nicht mit dem europäischen Bonitätsverständnis vereinbar ist, das neben dem Cash-Flow auch Sicherheiten in den Bewertungsprozess einbezieht. Es wurden deshalb für das Mengengeschäft der Banken auch bankeninterne Risikoqualifizierungsverfahren zugelassen, soweit diese die Kriterien der Bankenaufsicht erfüllen. Da „Mittelstandskredite" nach dem oben beschriebenen Mittelstandspaket dem Mengengeschäft zuordenbar sind, kommen Kredite bis zu 1 Mio. oder von Unternehmen bis zu 50 Mio. Umsatz in den Genuss dieser Erleichterung. Zur konkreten Ausgestaltung dieser Verfahren wird unter dem Gliederungspunkt Rating Stellung genommen. Festzuhalten ist aber hier schon, dass durch die verbindliche Einführung von Risikoklassifizierungsverfahren die Anforderungen an die Informations- und Dokumentationsbedürfnisse nunmehr aller Banken deutlich gestiegen sind.

Praxistipp: Klären Sie mit Ihrem Ansprechpartner in der Bank möglichst vorab, welche konkreten Informationen und Dokumentationen nach den neuen Anforderungen von dem jeweiligen Kreditinstitut zur Bearbeitung Ihres Kreditwunsches benötigt werden. Hier gibt es nach Aussagen aller Bankengruppen keine Geheimnisse hinsichtlich der Anforderungen, wie viele Gespräche mit Firmenkundenbetreuern aller Bankengruppen bestätigt haben. Fordern Sie die Transparenz des Verfahrens.

Ebenfalls eine neue Dimension haben die neuen Stresstests für die Risikosteuerung von Banken erhalten. So haben die wiederholten Veröffentlichungen der 2011 im Rahmen von Basel III neu geschaffenen europäischen Bankenaufsichtsbehörde European Banking Authority (EBA) über die Ergebnisse ihrer Stresstests zur Eigenkapitalausstattung der großen europäischen Banken mit dazu beigetragen, dass *Stresstest* zum Wort des Jahres 2011 gekürt wurde.

Bei diesen Stresstests wird die Wirkung unvorhersehbarer Veränderungen z.b. Konjunktureinbrüche generell oder für einzelne Branchen, Finanzprobleme von Staaten oder drastische Zinsanstiege auf das Risikoprofil des Kreditportfolios eines Bankinstituts simuliert. Das Bankmanagement hat mit den im Rahmen dieser Simulationen erhaltenen, der Bankenaufsicht vorzulegenden Ergebnissen zugleich die für diese Extremsituationen vorgesehenen Reaktionen und Maßnahmen der jeweiligen Bank zu benennen.

Die ausgewiesenen Resultate sollen eben nicht oder nicht im simulierten Umfange eintreten und die Zahlungs- und Funktionsfähigkeit der Bank, das heißt auch die Einhaltung der Eigenkapitalvorschriften, gefährden. Und schließlich besteht seit Anfang 2012 die Verpflichtung jeder Bank, der Bankenaufsicht einen vierteljährlichen Risikobericht vorzulegen, der die Veränderungen im Kreditportfolio ebenso darstellt wie die Ergebnisse der bankinternen Stresstests.

Daher ist sicher damit zu rechnen, dass die Banken nicht nur jährlich, sondern mehrmals im Jahr ihren Informationsstand über den Kreditnehmer aktualisieren, um hier valide Einschätzungen zum Risikoprofil ihres Kreditportfolios abgeben zu können.

2.5   Rating

Die ersten extern erstellten Ratings wurden zu Beginn des 20. Jahrhunderts von den drei damals kurz hintereinander gegründeten amerikanischen Ratingagenturen Standard & Poor's, Moody's und Fitch erstellt. Hintergrund war, dass zu dieser Zeit der Infrastrukturausbau in den USA allen voran die Eisenbahngesellschaften durch Anleihen finanziert wurde. Um den Investoren überhaupt ein Gefühl dafür zu vermitteln, welche Risiken sie eingingen, stellten ihnen die Ratingagenturen gegen Entgelt ihre betriebswirtschaftlichen Analysen der einzelnen Eisenbahngesellschaften zur Verfügung.

Um die Ergebnisse der verschiedenen Analysen vergleichbar zu machen, entstanden die sogenannten Ratingstufen. Allerdings besteht auch heute noch kein einheitliches System in der Kennzeichnung der einzelnen Stufen wie die Übersicht auf der nächsten Seite zeigt.

Dabei ist es wichtig, die Aussagefähigkeit eines Ratings auf Folgendes zu beschränken:

Ein Rating ist immer zukunftsorientiert. Es trifft eine auf den Zeitpunkt der Veröffentlichung bezogene Aussage über die Wahrscheinlichkeit, dass der Emittent eines Kapitalmarktpapiers, das ist der Schuldner, seinen Zins- und Tilgungsverpflichtungen während der vorgesehenen Laufzeit der Schuldenaufnahme fristgerecht und vollumfänglich nachkommt. Der Prognosezeitraum beschränkt sich in der Regel auf ein Jahr.

Allerdings werden aktuell bekanntwerdende Information auch unterjährig beachtet und ein Rating bei drohender Verschlechterung schon vorher „unter Beobachtung „ gestellt oder sogar revidiert.

Die von den Ratingagenturen eingeforderten historischen Daten, namentlich die Bilanzen der letzten 3 Jahre, geben dabei wertvolle Hinweise, inwieweit Planungen des zu ratenden Unternehmens dem bisherigen Geschäftsverlauf entsprechen, also realistisch sind. Diese Verläufe werden dann von der Ratingagentur in Szenarien in die Zukunft fortgeführt. Dabei unterstellen diese Szenarien eine gleichbleibende Geschäftsentwicklung

(Base Case) oder einen positiveren Verlauf (Best Case) bis hin zu den Auswirkungen wahrscheinlich negativer Einflüssen des Unternehmens oder
des spezifischen Marktes (Worst Case).

Das Rating trifft vor allem eine Aussage zu der Zahlungsfähigkeit eines
Schuldners. Nicht im Vordergrund stehen Aussagen darüber, ob die einer
Finanzierung zugrunde liegende Investitionsentscheidung über die An-
schaffung von Maschinen oder Produktionserweiterungen sinnvoll und
ertragreich ist oder ob Sicherheiten zur Verfügung stehen, die notfalls bei
Zahlungsschwierigkeiten zur Rückzahlung des Kredits liquidiert werden
können. Dies unterscheidet ein Rating von der grundlegenden in der deutschen Kreditwirtschaft bisher üblichen umfassenden Bonitätsprüfung, die
auch diese Aspekte bei einer Kreditentscheidung berücksichtigt.

Den Banken ist es seit Basel II aber auch erlaubt, die Risikoeinschätzung
der Kreditnehmer durch bankinterne Ratings vorzunehmen. Dies war auf
internationaler Ebene lange umstritten, da die institutsinternen Bonitätsprüfungen vor allem bei kleineren Instituten zu unterschiedliche Kriterien
verwendet haben und die Belastbarkeit der Ergebnisse dieser Bonitätsurtei-
le nicht durch historische Daten nachgewiesen werden konnte. Inzwischen
wurden durch das Bundesamt für Finanzaufsicht (BaFin) in Deutschland
die Kriterien für Tragfähigkeitsanalysen der Risiken eines Kreditnehmers
einheitlich definiert und die Institute haben vielfach die Freigabe ihrer
internen Ratingverfahren durch die Aufsichtsbehörden erhalten. Im Bereich der Sparkassen und Volksbanken haben die jeweiligen Verbände
gerade kleinere Mitgliedsunternehmen hier wirkungsvoll unterstützt.

Tabelle 2.2 stellt die verschiedenen in Deutschland am häufigsten benutz-
ten Ratingstufen dar.

Tabelle 2.2   Ratingsymbole im Vergleich

1 Jahresausfallrate in %	Standard & Poors	Sparkassen	Volksbank	Bundesbank
0,07	AAA	1	1a	Notenbankfähig Stufe 1
0,1	AA	2	1b	Stufe 2
0,15	A	3	1c	
0,23	BBB+	4	1d	Stufe 3
0,35	BBB	5	1e	Stufe 4
0,5	BBB-	6	2a	
0,75	BB+	7	2b	Nicht Noten-bankfähig Stufe 5-7
1,1	BB	8	2c	
1,7	BB-	9	2d	
2,6	B+	10	2e	
4	B	11	3a	
6	B-	12	3b	
9	CCC+	13	3c	
13,5	CCC	14	3d	
20	CC	15	3e	
100	D	16	4a	

Ausgehend von der Qualifizierung Standard &Poor's [6] sind für Nichtbanken folgende Risikogewichte in die Eigenkapitalberechnung nach Basel
III anzusetzen:

■ Investment Grade:

– AAA bis AA-   20%: höchste Bonität Ausfallrisiko sehr gering bis
                 leicht
– A+ bis A-   50%: gute Bonität, falls keine unvorhergesehenen
                 Ereignisse
– BBB+ bis BBB- 100%: durchschnittlich gut, abhängig von Gesamt-
                 wirtschaft

■ Non-Investment Grade

– BB+ bis BB-   100%: spekulativ, bei Verschlechterung der Lage
                 Ausfall möglich
– B+ bis B -   150%: hochspekulativ, bei Verschlechterung Ausfall
                 wahrscheinlich
– unter B -   150%: nur bei günstiger Entwicklung sind keine
                 Ausfälle zu erwarten bzw. ab CCC- Ausfall sicher
                 zu erwarten
– bei D   bereits Ausfall mindestens teilweise eingetreten

Bonitätsprüfungen haben jedoch nicht nur Einfluss auf die Eigenkapitalunterlegung, sondern ebenso für die Refinanzierung der Banken. Für die
Refinanzierung der inländischen Banken spielt gerade im Kurzfristbereich
die Europäische Zentralbank sowie in Deutschland die Bundesbank eine
entscheidende Rolle.

Die Bundesbank bietet den Banken die Möglichkeit, sich gegen Hinterle-
gung von Sicherheiten kurzfristig zu refinanzieren. Dabei können die inländischen Banken nicht nur Staatsanleihen, sondern auch Buchkredite an
inländische Wirtschaftsunternehmen und Selbständige der Bundesbank als
Sicherheit anbieten. Früher stellten die Wechselrediskontkontingente der
Bundesbank eine vergleichbare Refinanzierungsmöglichkeit dar. Aber
schon damals wurden von der Bundesbank vor allem Solawechsel von
Nichtbanken als Sicherheit durch die Bundesbank nur dann akzeptiert,
wenn die Bundesbank zuvor in einer eigenen Bonitätsprüfung die „Notenbankfähigkeit" des Ausstellers attestiert hatte. Das Bonitätsprüfungsver-

fahren der Bundesbank wurde nun an die neuen Anforderungen angepasst und mündet in den Rangstufen 1 bis 7. Zu den vertiefenden Details zur Bonitätsanalyse der Bundesbank wird auf die ausführliche Broschüre verwiesen [7].

Hier sollen nur die dort vorgestellten Grundzüge dieses oft nicht bekannten Verfahrens dargelegt werden, denn eine Bonitätsprüfung durch die Bundesbank ist nicht nur für die Refinanzierung der Banken interessant. Die einreichenden Nichtbanken können die Ergebnisse auch direkt bei der Bundesbank anfordern und erhalten sodann nicht nur die Rangstufe, sondern mit der Bilanzauswertung und dem sogenannten Faktenblatt zugleich wichtige Hinweise auf ihre spezifischen Stärken und Schwächen.

Dabei dürften nicht nur die reinen Finanzkennzahlen von Bedeutung sein, sondern auch der Vergleich mit anderen Betrieben derselben Branche.

Ausgangspunkt der Bundesbankprüfung sind die Jahresabschlüsse, in der Regel die der letzten drei Jahre. Die daraus ermittelten Finanzkennzahlen (Umsatzentwicklung, Verschuldungsgrad, Eigenmittelausstattung etc.) werden in einer Abweichungsanalyse vergleichbaren Unternehmen der Branche gegenübergestellt und die positive oder negative Abweichung von dem Durchschnitt der spezifischen Branche in einer Skala von 1(besonders positiv) bis 5 (besonders negativ) bewertet. Es schließt sich eine Expertensystemprüfung an, in der nach vordefinierten Regeln (wenn-dann) weitere Informationen z.B. über Alter oder Größe des Unternehmens ausgewertet werden.

Sollte die nach diesen Verfahren ermittelte Bonität nicht für ein „notenbankfähig" ausreichen, gibt es noch eine Zusatzprüfung für die Wirtschaftsunternehmen oder wirtschaftlich Selbständigen, die im oberen Bereich der nächsten Stufe liegen, durch die sogenannte Support Vector Machine. Hier werden ähnlich der Abweichungsanalyse nach mathematischen Verfahren andere Faktoren als die rein branchenvergleichenden zur Prüfung herangezogen.

In die Gesamtbeurteilung der Bundesbank fließen schließlich neben den rein finanziellen Kennzahlen vor allem auch Faktoren ein, wie

■ ein Urteil über die Geschäftsführung; reichen die Qualifikationen für das spezifische Geschäft?

- Abhängigkeit des Unternehmens von Risiken Dritter; wie hoch sind die jeweiligen Umsatzanteile?

- Markt- und Wettbewerbssituation; Branchentrend aber auch Stellung des Unternehmens im Markt?

- Zukunftsplanung; welche Pläne liegen vor, wie ist die Nachfolgeregelung?

- Strategien für Produkte, Märkte, Marketing

- Risikomanagement; welche Frühwarnsysteme bestehen, wie werden die Ergebnisse bearbeitet?

Zur Zeit liegt der Bonitätsschwellenwert für die „Notenbankfähigkeit" nach den Beschlüssen des Rates der Europäischen Zentralbank bei BBB-, der letzten Stufe des Investment-Grade, d.h. gemessen an der Ausfallwahrscheinlichkeit bei 0,40% und damit bei der Stufe 4 von 7 der Deutschen Bundesbank.

Daher sollte jeder Selbständige und KMU ernsthaft überprüfen, inwieweit diese Prüfung durch die Bundesbank für ihn angesichts bestehenden Finanzierungsbedarfes und zur Standortbestimmung Sinn macht.

Bei positiver Bewertung durch die Bundesbank besteht vor allem eine deutlich bessere Verhandlungsposition in Bezug auf die Konditionen einer Finanzierung. Ebenso denkbar ist es, ein positives Bundesbankranking in die Verhandlungen von Zahlungskonditionen mit Lieferanten einzubeziehen, denn Lieferantenkredite sind in der Regel billiger als die Kreditaufnahme bei Banken.

2.6 Preismechanismen zur Konditionsfindung

Grundlage eines jeden Zinssatzes für eine Finanzierung sind im Wesentlichen zwei Faktoren, der Refinanzierungseinstand der Bank, zu dem diese Geld von Anlegern erhält, und die Marge, das ist der Aufschlag, den die Bank gegenüber ihrem Einstandssatz erhebt.

Bereits bei der Refinanzierung bestehen im deutschen Bankenbereich wesentliche Unterschiede. Sparkassen und Volksbanken verfügen über einen hohen Bestand an Einlagen durch Sparguthaben und Festgelder. Private Banken werben zwar auch um diese Refinanzierungsquelle. In der Regel reichen diese aber nicht aus, um das Kredit- und Handelsgeschäft zu refinanzieren und sie nehmen zusätzliche Mittel am Markt auf. Insoweit fällt den privaten Banken eine laufzeitkongruente Refinanzierung ihrer Kredite leichter als den Volksbanken und Sparkassen, denn hier stehen mit kurzer Kündigungsfrist versehene Einlagen den längeren Laufzeiten für Investitionskredite gegenüber. Es besteht folglich ein Fristentransformationsrisiko, das entsprechende Aufschläge auf die Einstandssätze der Einlagen verlangt.

Dies erklärt aber nur einen Teil der Zinsdifferenzen. Ebenso entscheidend ist die jeweilig anzusetzende Marge für einen Kredit, die sich aus dem Renditeerfordernis der Bank und dem Risiko herleitet.

An dieser Stelle ist das sich in der Öffentlichkeit hartnäckig haltende Missverständnis der Margenfindung aufgrund übersteigerter Renditeerwartungen geradezurücken: Der damalige Deutsche Bank Vorstandsvorsitzende Josef Ackermann wurde in der Presse scharf kritisiert, als er das Ertragsziel der Deutschen Bank öffentlich machte: 25% „RoE". Diese Ziffer wird gerne missverstanden als Umsatzrendite, die es bei Banken ohnehin nicht gibt. RoE bedeutet „Return on Equity" und ist damit nichts anderes als die Renditevorgabe auf das durch einen Kunden im Rahmen der risikogewichteten Aktiva belegte Eigenkapital der Bank, wie folgende Rechnung zeigen soll:

Renditeanforderungen (RoE) an Kredite

Ein Firmenkunde mit einer Bonität BBB, also mit einer 100% Anrechnung nach Basel III, fragt einen Kredit über € 100.000 an. Dafür muss die Bank 8% = € 8.000 Eigenkapital vorhalten. 25% Rendite auf € 8.000 vor Steuern sind € 2.000. Um einen Ertrag von € 2.000 für einen Kredit in Höhe von € 100.000 zu erhalten, benötigt die Bank somit eine Marge in Höhe von 2% (und eben nicht die oft missverstandenen 25% = € 25.000!). Liegt der Kunde dagegen bei einer besseren Bonität, die zum Beispiel nur eine 4% Eigenkapitalunterlegung erfordert, so läge die erforderliche Marge nur bei 1% p.a. Im Umkehrschluss bei einer schwächeren Bonität mit 150% von 8% = 12% Eigenkapitalunterlegung bei 3% Margenerfordernis.

Dieses Beispiel macht zum einen deutlich, dass die Margen der Banken nicht exorbitant sind, sondern leicht erklärbar, um die Erwartungen der Kapitalmärkte zu erfüllen. Andererseits sollte verdeutlicht werden, dass es sich lohnt, alle Maßnahmen zu ergreifen, die möglich sind, um die Bonitätseinstufung nach den geltenden Ratingsystemen zu optimieren.

2.7   Zusammenfassung

Gespräche auf Augenhöhe setzen neben dem persönlichen Respekt auch Grundkenntnisse über die Interessenlage des Gesprächspartners voraus. Für Kreditgespräche mit Banken ist es deshalb empfehlenswert, auch die Zwänge zu kennen, unter denen Banken zukünftig bei der Kreditvergabe stehen. Ausgehend von Basel III werden die Spielräume der Banken für Kreditvergaben eingeschränkt. Dabei spielt die Anrechnung des jeweiligen Kredits auf die risikogewichteten Aktiva der Bank die entscheidende Rolle. Je besser die Bonität des Schuldners ist, desto weniger Eigenkapital muss die Bank für den Kredit vorhalten. Die Mindestanforderungen an das Risikomanagement (MaRisk) verlangen dabei die Einhaltung bestimmter Prozesse bei der Kreditvergabe und regelmäßige Berichterstattung an die Aufsichtsbehörden. Ausdruck findet die Risikoeinschätzung des Kreditnehmers in einem Rating. Von dieser Einstufung hängt schließlich auch die Marge für den Kredit ab. Kennt der Kreditnehmer diese Grundlagen, dann kann er seine Aussichten besser einordnen und gezielter Kreditanfragen vorbereiten. So steigen seine Aussichten, den Kredit zu angemessenen Konditionen zu erhalten.

Literatur

[1] Deutsche Bundesbank: Die langfristige Entwicklung der Unternehmens-finanzierung in Deutschland - Ergebnisse der gesamtwirtschaftlichen Finanzierungsrechnung Monatsberichtsaufsatz. Januar 2012. S. 22: http://www.bundesbank.de/Redaktion/DE/Downloads/Veroeffentlich-ungen/Monatsberichtsaufsätze/2012/2012_01_unternehmensfinanzierun g.pdf?_blob=publicationFile

[2] Cecchetti, Stephen G: Die Reform des Finanzsystems- ein Lagebericht. S. 3;7: http://www.bis.org/speeches/sp101004_de.pdf

[3] Lautenschläger, Sabine: Basel III und der Mittelstand. S. 14;20: http://www.bundesbank.de/Redaktion/DE/Reden2012/2012_03_29_lau tenschlaeger_basel3_mittelstand.html?

[4] Deutsche Bundesbank: Basel III-Leitfaden zu den neuen Eigenkapital- und Liquiditätsregeln für Banken: http://www.bundesbank.de/ Redak-tion/DE/Downloads/Veroeffentlichungen/Buch_Brochuere_Flyer/ban-kenaufsicht_basel3_leitfaden.html

[5] Bundesanstalt für Finanzdienstleistungsaufsicht: Rundschreiben 11/2010(BA)

[6] Mindestanforderungen an das Risikomanagement (MaRisk): http://www.bafin.de/SharedDocs/Veröffentlichung/Rundschreiben/rs_ 1011_ba_marisk.html

[7] Ratingdefinitionen von Standard & Poor's: http://www.standard-andpoors.com/aboutcreditratings/

[8] Deutsche Bundesbank: Beurteilung der Bonität von Unternehmen durch die Deutsche Bundesbank im Rahmen der Refinanzierung deut-scher Kreditinstitute: http://www.bundesbank.de/Redaktion/Down-loads/Kerngeschaeftsfelder/Geldpolitik/beurteilung_bonitaet_unterneh men_deutsche_bundesbank.pdf

3   Schritt für Schritt zur Ratingoptimierung

Rainer Eschbach

3.1   Gründe für das Bankgespräch

Will oder muss ein Unternehmer mit der Bank ein Gespräch führen, dann geht es um „Etwas". „Etwas" heißt, dass beide – Unternehmer und Bank – etwas voneinander wollen:

- **der Unternehmer** => **„Geld"**, d. h. einen neuen Kredit oder dessen Verlängerung

- **die Bank**   => **„Informationen"** im weitesten Sinne.

Das „Wollen" erfordert, dass beide miteinander reden: **das Bankgespräch** steht an. Dies **muss** vorbereitet werden, denn es kann sich kein Unternehmer mehr leisten, unvorbereitet das Gespräch mit seiner oder einer neuen Bank zu führen.

Anlässe für ein Bankgespräch: Der Unternehmer will einen neuen Kredit oder die Prolongation (Verlängerung) eines Kredites steht an.

1. Der Unternehmer hat eine <u>zufriedenstellender Bonität</u> und kann entsprechende Sicherheiten nachweisen, dann wird der Schwerpunkt des Bankgespräches eher auf den Konditionen liegen.

2. Der Unternehmer hat eine <u>zufriedenstellende Bonität</u>, aber unzureichende Sicherheiten. Es müssen vorrangig Überlegungen zur Verbesserung der Sicherheiten angestellt werden. Die Sicherheiten sind durch den Unternehmer zu erbringen oder es kann auf öffentliche Mittel zugegriffen werden.

3. Der Unternehmer hat eine <u>schwache Bonität</u>. Dann stellt sich die Frage, ob überhaupt ein Kredit gewährt oder verlängert wird. Der

C. Langer, *Rating und Finanzierung im Mittelstand*,
DOI 10.1007/978-3-8349-4037-7_3, © Springer Fachmedien Wiesbaden 2013

Handlungsspielraum für alternative Kreditangebote, außer von der bestehenden Hausbankverbindung, ist meistens gering. Der Schwerpunkt in einem solchen Gespräch liegt eher in Fragen der Nachbesicherung oder beim mittelfristigen Nachweis der Liquidität. Hier können zum Beispiel öffentlichen Fördermitteln dem Unternehmer helfen, die Sicherheiten und/oder die Liquidität im Verhältnis zur Bank zu verbessern.

4. Eine Existenzgründung steht an und der künftige Unternehmer benötigt von der Bank eine „Starthilfe" in Form von Krediten, seien es Fördermitteln und/oder Bankmittel. In einem solchen Gespräch stehen die Präsentation der Geschäftsidee und der Businessplan im Vordergrund.

3.2   Die Bonität

Ein Rating rückt die Bonität eines Unternehmers in den zentralen Mittelpunkt. Es drückt seine Eigenschaft, einen Kredit zurück zahlen zu wollen und zurück zahlen zu können, durch Einstufungen in Risikoklassen aus.

Die Bonität setzt sich zusammen aus

- der wirtschaftlichen Leistungsfähigkeit, d. h. ist der Kreditnehmer in der Lage, die erforderlichen Mittel rechtzeitig zu erarbeiten, und

- den Zukunftsaussichten des Unternehmens.

Die Bonität bewertet eine Bank anhand

- der **Hard Facts**, das ist i.d.R. das Rating, und

- der **Soft Facts**. Dazu zählen z. B. das Wissen, Image und die Qualitäten des Unternehmers. Auch was der Bankmitarbeiter in einem Gespräch aufnimmt, wie er es subjektiv bewertet, sowie weitere Punkte spielen zunehmend ein Rolle.

Ist die Bank von der Tragfähigkeit des Geschäftsmodelles und der/den Person/en, die als Inhaber oder Gesellschafter dahinter stehen, nicht überzeugt, helfen auch ausreichende Sicherheiten nicht, einen Kredit zu erlangen.

Die Bank prüft und analysiert im Rahmen der Kreditvergabe. Es gilt das Vier-Augen-Prinzip, d. h. nicht der Bankmitarbeiter, der den direkten Kundenkontakt hat, entscheidet allein. Im Hintergrund läuft eine zweite Prüfung durch Bankmitarbeiter, die den Unternehmer persönlich nicht kennen. Sie orientieren sich nur an den Unterlagen und prüfen, ob der Unternehmer und sein Vorhaben die Gewähr für eine ordnungsgemäße Rückzahlung und die Erfüllung der (Bank-)Verbindlichkeiten bieten = sogen. Kreditwürdigkeitsprüfung.

Es wird zwischen der persönlichen Kreditwürdigkeit und der materiellen Kreditwürdigkeit unterschieden:

■ Die persönliche Kreditwürdigkeit liegt vor, wenn der Unternehmer auf Grund der Zuverlässigkeit, der beruflichen und fachlichen Qualifikation und der unternehmerischen Fähigkeiten ein entsprechendes Vertrauen verdient.

■ Die materielle Kreditwürdigkeit ist die Analyse, ob das Vorhaben eine Gewähr dafür bietet, dass der Kredit zurückbezahlt werden kann. Die Kapitaldienstfähigkeit steht damit im Mittelpunkt der materiellen Kreditbeurteilung.

Der Unternehmer muss selbst die Kreditwürdigkeit überzeugend darstellen.

Die Kreditvergabe ist ein persönliches Geschäft, bei dem Sympathie und gegenseitiges Verständnis eine ganz erhebliche Rolle spielen.

Für die Vergabe eines Kredites sind vier Faktoren entscheidend:

■ der Unternehmer bzw. das Unternehmen

■ die Zukunftsfähigkeit des Marktes bzw. der Branche

■ die Kapitaldienstfähigkeit

■ die Sicherheiten

Diese vier Faktoren stehen in einer gegenseitigen Wechselbeziehung zu einander:

Abbildung 3.1   Darstellung der Wechselbeziehungen

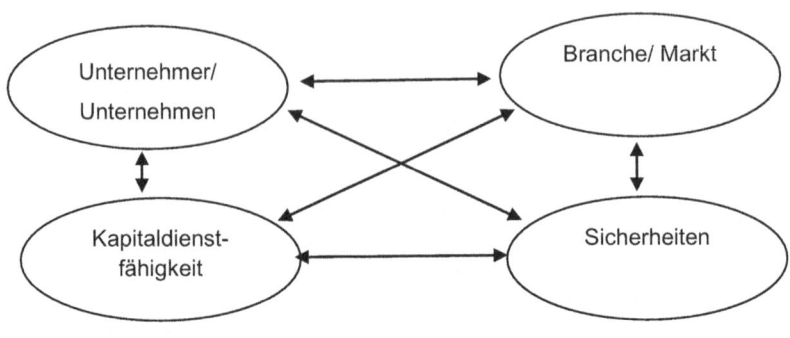

Aus dieser Wechselbeziehung ergibt sich, dass ein Bankgespräch eine Präsentation des Unternehmens ist. Die potentiellen Kreditgeber muss der Unternehmer dabei insbesondere von zwei Dingen überzeugen:

1. **Der Unternehmer muss die Kreditgeber von der hinreichenden Kapitaldienstfähigkeit und Bonität überzeugen. Er muss nachweisen, dass das Unternehmen zumindest so liquide ist, dass es für die Kreditlaufzeit die Zinsen und die Tilgung vollständig leisten kann.**

2. Der Unternehmer muss glaubhaft darlegen, dass ausreichend **Sicherheiten** vorhanden sind. Die Sicherheiten sind für den Fall erforderlich, dass das Unternehmen wider Erwarten nicht kapitaldienstfähig bleibt. Der Kredit kann dann aus der Verwertung der Sicherheiten zurückbezahlt werden.

Es geht somit bei der Beurteilung der Kapitaldienstfähigkeit und der Bonität insbesondere um die künftige Entwicklung des Unternehmens. Dabei kommt es entscheidend darauf an, wie der Unternehmer der Bank darlegt, dass und wie das Unternehmen künftig sowohl den Kapitaldienst erbringen, als auch die Bonität – also die Hard- und die Softfacts – erfüllen kann.

Die Unternehmenspräsentation ist die Vorführung der künftigen finanziellen Fähigkeiten des Unternehmens.

3.3   Was erwartet die Bank?

Die Bank benötigt Unterlagen, die rechtzeitig und vollständig vor dem Gesprächstermin eingereicht werden müssen, damit die Bank die Unterlagen prüfen, bewerten und auswerten kann.

In der Regel sind zumindest folgende Unterlagen einzureichen:

1. Die *Jahresabschlüsse* der letzten drei Jahre – diese müssen zeitnah nach Ende des Wirtschaftsjahres erstellt worden sein. Die Erstellung innerhalb von sechs Monaten nach dem Bilanzstichtag ist notwendig. Eine spätere Erstellung wirkt sich im Rating negativ aus.

2. Zeitnah erstellte monatliche *betriebswirtschaftliche Auswertungen*. Die betriebswirtschaftliche Auswertung (bei DATEV: kurzfristige Erfolgsrechnung) muss alle Geschäftsvorfälle der laufenden Buchungsperiode enthalten. Ein- und Ausgangsrechnungen müssen im Monat der Rechnungsstellung verbucht werden, Löhne müssen im Lohnabrechnungsmonat gebucht werden.

3. Monatlich erstellte *Summen- und Saldenlisten*, einschließlich der Debitoren- und Kreditorenkonten. Es empfiehlt sich dringend, die Buchhaltung als sogen. Offene-Posten-Buchhaltung (OPOS-Buchhaltung) zu führen. In diesem Fall sind die OPOS-Listen der Debitoren und Kreditoren einzureichen.

4. Die *Warenbestände* und eine Aufstellung der *halbfertigen Arbeiten bzw. der Fertigprodukte* sind oft mit vorzulegen. Eine Aussagekraft der betriebswirtschaftlichen Auswertung ist nur in Verbindung mit den Bestandsveränderungen beim Warenbestand und den halbfertigen Arbeiten bzw. den Fertigprodukten gegeben.

Der Aufwand, die Warenbestände, die halbfertigen Arbeiten und die Fertigprodukte unterjährig korrekt zu ermitteln, sind in der Regel erheblich. Es empfiehlt sich dringend, rechtzeitig mit der Bank abzustimmen, in welchen unterjährigen Rhythmen und zu welchen Monatsstichtagen diese Bestände gewünscht werden.

5. Eine rollierende *Ergebnis- und Liquiditätsplanung* für die nächsten drei bis fünf Jahre, die monatlich oder zumindest vierteljährlich mit den IST-Zahlen der laufenden Finanzbuchhaltung abgeglichen werden muss, muss erstellt und vorgelegt werden. Abweichungen müssen aufgeklärt und erläutert werden.

6. Sind Investitionen geplant, muss eine *Investitionsplanung* erstellt und vorgelegt werden. Sie enthält die beabsichtigten Investitionen im Anlage- und Umlaufvermögen sowie die ggf. vorzufinanzierenden Kosten.

7. Die *Kapitalbedarfsplanung*, d. h. eine Aufstellung der vorhandenen Eigenmittel und der benötigten Fremdmittel vor dem Hintergrund der Investitionsplanung, muss erstellt und vorgelegt werden.

Meist werden zusätzliche Unterlagen bzw. Informationen verlangt, z. Bsp.

■ Aktueller Auftragsbestand

■ Auskünfte über die persönlichen wirtschaftlichen Verhältnisse:

 - Steuererklärungen und Steuerbescheide
 - Rückkaufswerte von Lebensversicherungen
 - Immobilienvermögen
 - Bank- und sonstige Guthaben
 - Absicherungen des Unternehmers, z. B. gegen Unfall, von Krediten im Todesfall (Risikolebensversicherungen), Krankheit etc. Die Banken nutzen diese Informationen auch um zu prüfen, ob ausreichend Versicherungsschutz vorhanden ist oder sich noch Möglichkeiten für weiteren Versicherungsschutz bieten.

■ Eine Unternehmensbeschreibung (Tätigkeit, Zahl der Mitarbeiter, evtl. Marktstellung, evtl. Alleinstellungsmerkmale, was das Unternehmen ausmacht, etc.). Die Unternehmensbeschreibung sollte so abgefasst sein, dass sich ein fremder Dritter ein realistisches Bild vom Unternehmen machen kann.

■ Möglichst Branchenvergleichszahlen; sie sind von Verbänden (IHK, Handwerkskammern, etc.,) Statistischem Bundesamt, der DATEV, auch von Banken etc., zu erhalten. Es ist wichtig, sich rechtzeitig um diese Zahlen zu kümmern und der Bank vorzulegen bzw. beim Bankgespräch zur Verfügung zu haben. Man darf sich nicht darauf verlassen, dass die Vergleichszahlen, über die die Bank verfügt, die richtigen Vergleichszahlen sind. Vorsorge ist geboten.

Bei der **_betriebswirtschaftlichen Auswertung_** ist es dringend erforderlich, dass sie nicht nur die ‚nackten Zahlen' der Finanzbuchhaltung enthält und wiedergibt, sondern dass in ihr weitere Informationen enthalten sind, wie z.b.

■ die Bestandsveränderungen bei den halbfertigen Arbeiten und den Lagerbeständen – zumindest viertel- oder halbjährlich (sollte vorher mit der Bank abgestimmt werden),

■ die monatsanteiligen Abschreibungen und

■ die wesentlichen Abgrenzungen (z. B. anteiliges Weihnachts- und Urlaubsgeld, Versicherungen etc.).

Die zusätzlichen Aufbereitungen müssen realistisch durchgeführt werden. Die Hochrechnung des so ermittelten unterjährigen Ergebnisses auf das Jahresergebnis darf zu keinen allzu großen Abweichungen von der endgültigen Bilanz führen. Abweichungen schlagen sich als Softfacts u. U. negativ in der Bonität nieder.

3.4   Einschätzung der Unternehmenslage

Eine Bank reicht mit dem gewährten Kredit das Geld ihres Bankkunden, der es bei der Bank angelegt hat, aus. Diese Kundengelder nicht mehr zurück zu bekommen, endgültig zu verlieren, ist der Worst Case für eine Bank. Mit der Kreditwürdigkeitsprüfung versucht die Bank die Ausfallwahrscheinlichkeit jedes einzelnen Kredites zu erkennen und zu vermeiden. Die Kreditwürdigkeitsprüfungen bei den Banken werden seit Basel II mit systematisierten bankinternen Ratings durchgeführt. In den Kerninhalten sind die Bankenratings weitestgehend identisch, unterscheiden sich in Details von Bank zu Bank. Darauf muss sich der Unternehmer einstellen und vorbereiten. Je besser ein Rating ausfällt, umso niedriger ist für die Bank die Kreditausfallwahrscheinlichkeit. Darauf kommt es der Bank ganz entscheidend an.

Auch wenn die Bank nach außen nur einen Zinssatz mitteilt, setzt sich der Zinssatz aus verschiedenen Komponenten zusammen. Eine dieser Komponenten, neben den Einstandskosten, den Standardrisikokosten, den direkten Betriebskosten, den Gemeinkosten der Bank etc., ist das individuelle Ausfallrisiko für den Kredit.

Die Einschätzung der Kreditausfallwahrscheinlichkeit schlägt sich im individuellen Ausfallrisiko nieder und entscheidet mit über die Höhe des Zinssatzes für den Kredit. Der Unternehmer muss deshalb seine Unterlagen „ratingsicher" aufbereiten.

Was hierfür im Einzelnen grundsätzlich

- getan werden MUSS

- getan werden SOLL

- getan werden KANN

wird im Folgenden noch dargestellt.

Diese allgemeinen Vorbereitungen müssen unternehmensspezifisch ergänzt werden. Für die Vorbereitungen bieten sich Checklisten an, die von relativ einfach bis sehr umfangreich reichen, von ca. 25 Fragen/Prüfpunkten bis weit über 100 Fragen/Prüfpunkte.

Es ist wichtig, dass der Unternehmer die Unterlagen, die er bei der Bank einreicht, auch tatsächlich kennt. Er selbst muss dem Bankmitarbeiter darüber Auskunft geben können.

Der Unternehmer muss dem Bankberater vermitteln, dass er sein Unternehmen, die Zahlen, die Vorgaben und die Ziele tatsächlich kennt. Das schafft Glaubwürdigkeit und Vertrauen.

3.5   Sicherheiten

Eine Bank wird nur in seltenen Fällen einen Kredit ohne Sicherheiten ausreichen. Die Besicherung eines Kredites bzw. mehrerer Kredite, die Ermittlung der Werthaltigkeit und des Beleihungswertes der jeweiligen Sicherheiten, sind oft langwierig und erfordern Erfahrung und Geschick. Ganz besonders dann, wenn der Unternehmer nicht mehr Sicherheiten abgeben möchte, als notwendig sind. Sicherheiten für die Absicherung eines Kredites können sehr vielfältig und u. U. auch speziell sein.

Gängige Sicherheiten sind:

■ Grundpfandrechte (Grundschuld/Hypothek) auf unbelastete und/oder noch belastungsfreie Teile von Immobilien

■ Selbstschuldnerische Bürgschaft des Unternehmers

■ Bürgschaften (von anderen Unternehmern/n, Privatleuten, Bürgschaftsbanken etc.)

■ Wertpapiere, Sparguthaben, Termineinlagen, Bausparguthaben, Lebensversicherungen, Edelmetalle, aber auch Beteiligungen

■ Sicherungsübereignungen (z.b. von Inventar) oder Sicherungsabtretungen (z.b. von Kundenforderungen)

Viele, insbesondere freie, Sicherheiten wecken bei einer Bank Begehrlichkeiten. Mit Sicherheiten muss ein Unternehmer deshalb gezielt, sehr sorgund sparsam umgehen. Es ist darauf zu achten, nicht mehr Sicherheiten abzutreten, als für den Kredit unbedingt erforderlich sind. Es empfiehlt sich, einen eigenen Sicherheitenspiegel zu erstellen, ihn nach den Arten der verschiedenen Sicherheiten zu gliedern, in den Untergliederungen die einzelnen Sicherheiten einzutragen und einzeln zu bewerten.

Die Bewertung muss nach realistischen Zeit-(Markt-)werten, die bei einem kurz- bis mittelfristigen Verkauf tatsächlich erzielt werden können, erfolgen. Bei z.b.

■ Immobilien (bebaut oder unbebaut) ist dies der ortsübliche Verkaufspreis,

■ Sparguthaben, Termineinlagen, Bausparguthaben etc., der jeweilige Kontostand,

■ Lebensversicherungen der Rückkaufswert (er kann bei der Versicherung abgefragt werden),

■ Edelmetallen der durchschnittliche Marktwert,

■ Beteiligungen der Wert der Beteiligung, die sich – vereinfacht - aus dem Beteiligungswert (Höhe der Beteiligung) und dem Ertragswert (künftige Gewinnauszahlungen) ermittelt.

Abbildung 3.2 Beispiel (vereinfacht) für einen Sicherheitenspiegel

Sicherheitenspiegel

unbebaute Grundstücke

Lage	Größe / qm	qm-Preis	Zeitwert	Schulden	Reinvermögen
Lgb.-Nr. 123 Musterstadt	1.256	250,00 €	314.000,00 €	150.000,00 €	
Lgb.-Nr. 75/1 D-Dorf	860	85,00 €	73.100,00 €	0,00 €	
			387.100,00 €	150.000,00 €	237.100,00 €

Immobilien

Lage	Größe /qm	bebaut mit	Zeitwert	Schulden	
Hauptstr. 5 , A-Stadt	856	Einfam.Haus	650.000,00 €	200.000,00 €	
Nebenstr. 10, B-Stadt	600	6 Fam.Haus	500.000,00 €	350.000,00 €	
			1.150.000,00 €	550.000,00 €	600.000,00 €

Betriebsvermögen

Firmenname		Anteil	Ertragswert	Schulden	
Fa. Max Maier. X-Stadt		100%	550.000,00 €	420.000,00 €	
Fa. Müller KG, W-Dorf	Kdt. Einlage		150.000,00 €	0,00 €	
			700.000,00 €	420.000,00 €	280.000,00 €

Beteiligungen

Art der Beteiligung	Kapital	Anteil	Wert	Schulden	
Fa. Neu GmbH, N-Burg	200.000,00 €	30%	90.000,00 €	0,00 €	
			90.000,00 €	0,00 €	90.000,00 €

Guthaben

Institut	Art der Anlage		Wert	Schulden	
Sparkasse	Festgeldkonto		50.000,00 €	0,00 €	
Volksbank	Girokonto		28.564,00 €	0,00 €	
			78.564,00 €	0,00 €	78.564,00 €

Sonstiges

Art	Institut		Zeitwert	Schulden	
Lebensvers.	ABC-Vers.	VS 100.000 € Rückkaufswert	22.825,00 €	0,00 €	
Edelmetalle	Sparkasse		6.500,00 €	0,00 €	
			29.325,00 €	0,00 €	29.325,00 €

| **Reinvermögen** | | | | | **1.314.989,00 €** |

Die selbst ermittelten Zeitwerte können nur Anhaltswerte sein. Die Bank stellt für die angebotenen Sicherheiten eigene Wertermittlungen an. Die eigenen Zeitwerte und die von der Bank ermittelten Werte sollten miteinander verglichen, die Abweichungen besprochen und aufgeklärt werden.

Der eigene Sicherheitenspiegel sollte laufend geführt, Zu- und Abgänge ergänzt und die Wertermittlungen in regelmäßigen Abständen angepasst werden.

Die Bank ermittelt aus den von ihr erhobenen Werten der einzelnen Sicherheiten den sog. Beleihungswert. Er ist der Wert für eine beliehene Sicherheit und soll den während der Kreditlaufzeit erzielbaren Wiederverkaufswert darstellen. Mögliche Wertschwankungen während der Kreditlaufzeit werden mit einem Risikoabschlag berücksichtigt und damit die „Beleihungsgrenze" ermittelt.

Beispiel:

Zeitwert einer Sicherheit   100

Beleihungswert   80

Beleihungsgrenze   65

(Die Abschläge sind willkürlich gewählt; sie sollen nur die Systematik aufzeigen)

Nur mit Sicherheiten erhält man grundsätzlich keinen Kredit – ohne Sicherheiten geht es aber auch nicht.

3.6   Verständnis aufbringen

Der Unternehmer muss versuchen, sich in die Rolle des Bankmitarbeiters zu versetzen und sich folgende Fragen stellen:

- Weiß der Bankmitarbeiter das über mich und mein Unternehmern, was ich weiß?

- Welche Informationen würde ich von mir und meinem Unternehmen haben wollen, wenn ich an der Stelle des Bankmitarbeiters wäre?

- Würde ich einem Kunden mit dem vorhandenen Wissen und den Kenntnissen, die ich von ihm und davon, was er mit meinem Geld machen wollte, 50 T€, 100 T€, 300 T€ oder noch mehr leihen?

- Welche Informationen und Unterlagen würde ich noch verlangen, damit der Kunde mein volles Vertrauen und den gewünschten Geldbetrag erhält?

- Welche Gewissheit bzw. Sicherheit gibt mir der Kunde, dass er das Geld mit Zinsen wieder pünktlich zurückbezahlt?

Wenn Sie sich als Unternehmer diese Fragen stellen, können Sie erahnen, mit welchen Gedanken sich der Bankmitarbeiter im Verhältnis zu Ihnen beschäftigen muss.

3.7   Optimierung der Unterlagen

Die Anforderungen und Möglichkeiten der Vorbereitungen stehen im Mittelpunkt der Aufbereitung für alle Unterlagen, die erstellt werden müssen. Abhängig von der Größe und oft auch der Rechtsform des Unternehmens ist erfahrungsgemäß zum Teil noch vieles verbesserungsbedürftig. Oft sind es scheinbare Kleinigkeiten in der Unternehmensorganisation, in den Geschäftsprozessen, die mit wenig Aufwand verändert werden können. So können z.b. in einem Betrieb neue Strukturen geschaffen, sie konsequent umgesetzt und eingehalten werden, um mehr Transparenz und einen besseren Informationsfluss zu erhalten. Manche Strukturveränderungen können selbst gestaltet werden, für andere kann die Analyse durch externe Beratungen sinnvoll sein.

Hinweise für Verbesserungsmaßnahmen:

Was getan werden **MUSS**:

- Keinen Auftrag ohne schriftliche Auftragsbestätigung (AB) ausführen.

Eine Auftragsbestätigung lässt sich mit geringem Aufwand erstellen. Oft stehen aus dem Angebot die einzelnen Positionen in elektronischer Form zur weiteren Bearbeitung zur Verfügung. Ab einer bestimmten, vorher festzulegenden, Auftragshöhe sollte ein Auftrag erst nach Eingang der vom Kunden gegengezeichneten Auftragsbestätigung ausgeführt werden.

In der AB müssen

- die zu erbringenden Leistungen,
- die Anzahlungen (es empfiehlt sich mehrere kleine Anzahlungen, statt weniger großer Anzahlungen, zu vereinbaren),
- die Zahlungsmodalitäten,
- evtl. Teilabrechnungen,
- das Vorgehen bei Leistungs- und Zahlungsstörungen durch den Kunden, etc.,

genau geregelt sein.

■ Allgemeine Auftragsbedingungen (AAB) sind heute unumgänglich.

Die AAB müssen dem Kunden spätestens mit dem Angebot zugestellt bzw. ausgehändigt werden. Die AAB sollten unbedingt von einem erfahrenen Anwalt erstellt, in regelmäßigen Abständen rechtlich überprüft und angepasst werden. Es empfiehlt sich, dem Anwalt den Auftrag zur Überwachung der erforderlichen rechtlichen Änderungen bzw. Anpassung zu erteilen. So wird sichergestellt, dass Gesetzesänderungen und Änderungen in der Rechtsprechung zeitnah in die AAB aufgenommen werden. Ein Unternehmer erhält damit nicht nur Rechtssicherheit, sondern der Anwalt haftet für evtl. Fehler oder Unterlassungen in der Ausfertigung der AAB.

Es kann nur gewarnt werden, z.B. aus dem Internet Muster - AAB herunterzuladen und zu verwenden. Weder werden dabei die individuellen Interessen, noch die betrieblichen Verhältnisse berücksichtigt. Notwendige Anpassung erfordern zudem umfassende Rechtskenntnisse, die ein Unternehmer i.d.R. nicht hat.

■ Lieferungen nur mit Lieferschein, auf dem der Kunde die Annahme schriftlich bestätigt.

Im Lieferschein müssen die gelieferten Gegenstände jeweils mit Stückzahl und der marktüblichen Warenbezeichnung aufgeführt sein, die dem Kunden eine zweifelsfreie Zuordnung und Kontrolle ermöglichen.

Es empfiehlt sich den Lieferschein vor dem Datum und der Unterschrift mit dem Zusatz: „Die Waren ordnungsgemäß, ohne Beschädigung und vollzählig erhalten" zu versehen.

Mit der Unterzeichnung des Lieferscheines bestätigt der Kunde, die Ware erhalten zu haben. Die Lieferscheine dienen bei evtl. späteren rechtlichen Auseinandersetzungen als Empfangsnachweis für die gelieferten Waren. Die Beweislast, die Ware trotz unterzeichnetem Lieferschein nicht erhalten zu haben, liegt beim Abnehmer (Kunden).

■ Lückenlose auftragsbezogene Rapportzettel mit Unterschriften des Auftragsgebers.

Je nach Branche müssen Mitarbeiter die Rapportzettel täglich führen und vom Auftraggeber bzw. dem vom Auftraggeber dazu ermächtigten Dritten, täglich unterzeichnen lassen. In den Rapportzetteln sind die durchgeführten Tätigkeiten und die aufgewendeten Arbeitszeiten der Mitarbeiter detailliert aufzuführen. Die Rapportzettel dienen bei evtl. späteren rechtlichen Auseinandersetzungen als Nachweis dafür, dass die darin aufgeführten Arbeiten tatsächlich erbracht worden sind.

■ Regelmäßige und zeitnahe Anforderung von Anzahlungen.

Die in der Auftragsbestätigung vereinbarten Anzahlungen müssen in den vorgesehenen Rhythmen bzw. nach den jeweiligen Stufen der Auftragserledigung zeitnah angefordert werden. Der Eingang der angeforderten Anzahlungen muss konsequent überwacht werden. Bei Fristüberschreitung muss sofort nachgefasst werden (Telefonanruf, dann schriftliche Mahnungen etc.).

Kunden entwickeln schnell ein sehr feines Gespür dafür, ob diese Vereinbarungen auch tatsächlich gelebt und vollzogen werden. Wer bei den Anzahlungen schlampt, darf nicht erwarten, dass der Kunde die Abrechnung zügig bezahlt. Die konsequente Anforderung der Anzahlung reduziert das Risiko des Geldverlustes. Zudem erhöht sich die eigene Liquidität, dies ermöglicht die Nutzung von Skonto bei Lieferanten und reduziert die benötigten Fremdmittel.

■ Aufträge zügig abwickeln.

Zügige Auftragsabwicklungen verkürzen die Zeitverschiebungen der Zahlungsströme (der Geldabflüsse und -rückflüsse) und damit den Kapitalbedarf insgesamt. Sie führen zu geringerer Unproduktivität und zu wesentlich weniger Leerlaufzeiten. Damit erhöht sich die Rentabilität des einzelnen Auftrages.

Erfahrungsgemäß erhöht sich bei Kunden durch zügig abgewickelte Aufträge die Bereitschaft, ihre Gegenleistungen (die Zahlungen) selbst schneller zu erbringen. Ein weiterer Mosaikstein, der den Kapitalbedarf reduziert.

Wird die Auftragsabwicklung, verursacht durch den Auftraggeber, gestört, muss der Grund sowie die voraussichtliche Dauer dokumentiert und eine Ausfertigung dem Auftraggeber schriftlich zugesandt werden.

Der Auftraggeber muss aufgefordert werden, die Gründe für die Störung der Auftragsabwicklung mit Fristsetzung (wichtig: Angabe eines Kalenderdatums) zu beseitigen. Nach erfolglosem Fristablauf befindet sich der Auftragnehmer in Verzug. Ggf. kann die in der Auftragsbestätigung vereinbarte Zwischenabrechnung durchgeführt werden. Diese muss dann zeitnah erfolgen.

■ Persönliche Auftragsabnahme zusammen mit dem Kunden.

Nach der Auftragsabwicklung muss sofort der Auftrag mit dem Kunden vor Ort durchgegangen und besprochen sowie ein Abnahmeprotokoll erstellt werden. Die unterzeichneten Rapportzettel und Lieferscheine sind beizuziehen. Soweit Funktionsprüfungen möglich sind, sollten alle Funktionen im Beisein des Kunden geprüft und im Abnahmeprotokoll dokumentiert werden.

Fehler bzw. erforderliche Nacharbeiten müssen im Abnahmeprotokoll, evtl. Mängel in einer Mängelliste, dokumentiert werden. Für die Erledigung der Nacharbeiten bzw. der Mängel müssen feste Termine vereinbart und ebenfalls dokumentiert werden. Abnahmeprotokoll und evtl. Mängelliste müssen vom Auftragnehmer und vom Auftraggeber unterzeichnet werden. Jeder erhält eine unterzeichnete Ausfertigung.

■ Erledigte Aufträge sofort abrechnen.

Die Schlussrechnung muss sehr zeitnah nach Auftragsabnahme erstellt werden. Aus der Auftragsbestätigung, den Lieferscheinen und den Rapportzetteln, stehen die Rechnungsinhalte für die Abrechnung weitgehend – i.d.R. elektronisch - zur Verfügung. Die Endausfertigung der Schlussrechnung kann mit geringem Aufwand zügig erstellt werden.

In der Rechnung muss die Verpflichtung zur Zahlung durch ein Kalenderdatum bestimmt werden (z. B. zahlbar bis 15.05.2012). Wird bis zu diesem Datum die Zahlung ganz oder teilweise nicht geleistet, befindet sich der Kunde mit Fristablauf automatisch mit dem offenen Betrag in Verzug (§ 286 BGB). Einer besonderen in Verzugssetzung durch eine Mahnung bedarf es dann nicht mehr.

Ab dem Verzug ist der offene Betrag zu verzinsen. Der Verzugszinssatz ist gesetzlich geregelt und beträgt für das Jahr 5 Prozentpunkte über dem Basiszinssatz. So hat z.B eine zeitnahe Schlussrechnung auch eine psychologische Wirkung gegenüber dem Kunden hinsichtlich seiner Einhaltung des Zahlungstermins für den restlichen Rechnungsbetrag.

Mit der Umsetzung dieser Maßnahmen werden die Geldrückflüsse stark beschleunigt und das Risiko des Geldausfalles wesentlich vermindert – Folge: Es wird weniger Fremdgeld genötigt.

Was getan werden **SOLLTE:**

■ Konsequentes Mahnwesen.

Die Rhythmen für die einzelnen Mahnstufen müssen verbindlich geregelt und schriftlich niedergelegt werden. Die Schriftform garantiert, dass alle Kunden nach diesen Regelungen behandelt werden und sie jedem, der mit dem Mahnwesen befasst ist, bekannt sind.

Soll im Mahnwesen zwischen Stamm- und Neukunden bzw. gelegentlichen Kunden unterschieden werden, müssen die Qualifizierungen der Kunden sowie die Vorgehensweise und die Mahnrhythmen schriftlich geregelt sein.

Die Unterscheidung zwischen Stammkunde und Neukunde bzw. gelegentlicher Kunde darf sich allenfalls in den Mahnfristen niederschlagen, evtl. auch darin, dass vor der ersten Mahnung eine telefonische Erinnerung erfolgt.

Beispiele für gängige Mahnrhythmen:

	Allg. Kunden	Stammkunden	
Mahnung	14 Tage	21 Tage	nach Fälligkeit
Mahnung	10 Tage	14 Tage	nach der 1. Mahnung
Mahnung	8 Tage	10 Tage	nach der 2. Mahnung

Die 3. Mahnung im Beispielfall sollte den Zusatz „letzte Mahnung" oder „letzte Mahnung vor Mahnbescheid" oder „letzte Mahnung vor Klage" enthalten. Die angekündigten Maßnahmen müssen dann konsequent durchgeführt werden.

Die heutigen Fakturierprogramme enthalten in der Regel ein Mahnwesen. Eine bessere, rationellere Überwachung und Steuerung der Mahnungen ist aus der Finanzbuchhaltung möglich, da die Verbuchung die Zahlungseingänge automatisch berücksichtigt.

Das Mahnwesen kann evtl. ausgelagert werden (z. B. an den Steuerberater, der die Finanzbuchführung führt). Eine zeitnahe Führung der Buchführung ist erforderlich. Eine monatliche Verbuchung der Geschäftsvorfälle reicht dazu nicht aus.

■ Regelungen für evtl. Lieferungs- und Leistungssperren.

Es müssen verbindliche Regelungen getroffen werden, wann bzw. ab welchem offenen Forderungsbetrag ein Kunde nicht mehr beliefert wird. Diese Regelungen sollten vorher mit dem Kunden besprochen, möglichst mit ihm schriftlich vereinbart, werden, damit er darüber informiert ist.

Ein Kunde ist im Voraus bereit, diese Regelungen anzuerkennen, da es für ihn in diesem Zeitpunkt noch keinen Anlass gibt, einer derartigen Regelung nicht zuzustimmen. Hinterher eine derartige Regelung nachzuschieben, ist fast nicht möglich.

Diese Regelungen müssen ganz strikt eingehalten werden. Dem Kunden sollte bei derartigen Störungen mitgeteilt werden, dass das Limit erreicht bzw. überschritten ist. Es liegt dann an ihm, die Störung zu beseitigen.

■ Alle Geschäftsbelege eines Buchungszeitraumes lückenlos und zeitnah verbuchen.

Das gilt grundsätzlich, egal ob die Finanzbuchhaltung selbst geführt oder deren Führung an einen Dritten, z. B. den Steuerberater, übertragen wird. Buchungszeitraum kann der Monat, die lfd. Woche, oder ein anderer Rhythmus sein. Da die Geschäftsbelege die Betriebsprozesse in der Buchhaltung widerspiegeln, ist die zeitnahe und lückenlose Verbuchung besonders für die Aussagefähigkeit aktueller Auswertungen und das Zahlungs- und das Mahnwesen wichtig. Dies ist auch für weitergehende Rechenwerke, seien es Fälligkeiten, Fälligkeitslisten, Ermittlung der unterschiedlichen Fristigkeiten des Finanzbedarfes, Planungen, etc., ganz entscheidend.

Die Aussagefähigkeit einer Auswertung aus der Buchhaltung steht und fällt mit der Aktualität der Buchhaltung. Die Geschäftsbelege müssen deshalb so früh als möglich verbucht werden. Gibt es spätere Korrekturen, z. B. auf Grund von Rechnungskontrollen bzw. –korrekturen durch Rechnungsprüfungen, müssen diese Korrekturen später – nach Vorliegen der Korrekturen – in der Buchhaltung nachgebucht werden. Eine Finanzbuchhaltung, in der alle Geschäftsvorfälle sehr zeitnah verbucht werden, kann alle zu leistenden Zahlungen automatisiert erstellen. Dies ermöglicht, gewährte Skonti zu nutzen und das Mahnwesen automatisiert zu führen. Zudem kann der kurz- und mittelfristige Finanzbedarf mit relativ geringem Mehraufwand laufend ermittelt werden. Das reduziert nicht nur den Arbeitsaufwand erheblich, sondern bringt auch Liquiditätsvorteile und damit eine Reduzierung der Fremdmittel mit sich.

Was getan werden **KANN**:

■ Konsequente Auftragsnachkalkulation und Erkenntnisse sofort umsetzen.

Die Aufträge sollten in jedem Betrieb aus den Rapportzetteln und den Lieferscheinen als notwendigen Datenbringern laufend nachkalkuliert werden.

Nur mit einer regelmäßigen Nachkalkulation können Fehleinschätzungen, Fehler, Veränderungen, etc., erkannt und daraus sofort die Konsequenzen gezogen werden.

Die Ergebnisse aus der Nachkalkulation sollten ggf. mit den Mitarbeitern besprochen werden. Mitarbeiter haben oft Verbesserungsideen, die sollten ggf. durch ein Prämiensystem gefördert werden.

■ Konsequente Kostenkontrolle und kritisches Hinterfragen der Notwendigkeiten.

Es liegt in der Eigenart jedes Menschen, an Gewohnheiten und Liebgewonnenem festzuhalten. Sind diese nicht mehr notwendig, können Gewohnheiten kostentreibend und teuer sein.

Das betrifft nicht nur die laufenden Betriebsausgaben, sondern auch notwendige Investitionen. Oft kann es günstiger und sinnvoller sein, Kooperationen einzugehen, statt teurer Investitionen in Wirtschaftsgüter diese bedarfsbezogen zu mieten oder zu leihen.

Man sollte es sich deshalb zur Regel machen und diese Regeln schriftlich niederlegen, in festgelegten Rhythmen alles auf Notwendigkeit und Sinnhaftigkeit zu prüfen. Feststellungen müssen dann zwingend umgesetzt werden.

3.8   Die Finanzbuchhaltung und Gewinnermittlung

Der Gesetzgeber schreibt in § 238 Handelsgesetzbuch (HGB) jedem Kaufmann vor, „Bücher zu führen und in diesen seine Handelsgeschäfte und die Lage seines Vermögens nach den Grundsätzen ordnungsgemäßer Buchführung ersichtlich zu machen".

Die Abgabenordnung (AO) übernimmt in § 140 AO die Verpflichtung,
Bücher zu führen, ins Steuerrecht und regelt in § 141 AO, wann bestimmte
Steuerpflichtige unabhängig davon nach steuerrechtlichen Kriterien Bü-
cher führen müssen.

Das HGB schreibt in § 242 dem Kaufmann grundsätzlich die Aufstellung
einer Bilanz vor. Das Steuerrecht erlaubt es in § 4 Abs. 3 Einkommensteu-
ergesetz (EStG) beim Vorliegen bestimmter Voraussetzungen einem Steu-
erpflichtigen, seinen Gewinn durch Gegenüberstellung der Einnahmen
und der Ausgaben eines Kalenderjahres zu ermitteln (sog. Einnahmen-
Überschuss-Rechnung - EÜR).

Während die EÜR nur die Zahlungsströme des Geldflusses der Einnahmen
und des Geldflusses der Ausgaben abbildet, ist die Bilanz eine periodenge-
rechte Abgrenzung von Vermögen und Schulden, von Aufwendungen und
Erträgen. Die Aussagekraft einer Bilanz ist wesentlich größer als die einer
EÜR.

Wer Geld von einer Bank benötigt, für den ist – neben einer ordnungsgemäßen, aussagefähigen und zeitnahen Finanzbuchhaltung – die Gewinnermittlung durch die Aufstellung einer Bilanz ein zwingendes Muss.

Die Finanzbuchhaltung wird leider noch von allzu vielen mittelständischen Unternehmern zu sehr als eine lästige Pflicht für das Finanzamt, als
ein unnötiger Kostenfaktor gesehen. Damit wird verkannt, welchen hohen
Wert die Finanzbuchhaltung in erster Linie für den Unternehmer selbst
hat. Die Anforderungen an und die Beschaffenheit der Finanzbuchführung
orientieren sich deshalb in erster Linie an den Zielen und den Interessen
des Unternehmers und „nur" in zweiter Linie an der Erfüllung gesetzlicher
Verpflichtungen.

Tatsächlich ist die Finanzbuchhaltung in erster Linie ein Informationsme-
dium und Steuerungsinstrument für den Unternehmer selbst. Sie liefert
ihm – bei ordnungsgemäßer, vollständiger und zeitnaher Führung – laufende Informationen über

- die Rentabilität,

- die Ertragslage,

- die Vermögenslage und

- den Finanzbedarf

seines Unternehmens.

Um diese Zielsetzung zu erreichen, muss der Unternehmer Anforderungen an „seine Finanzbuchhaltung" stellen:

1. Grundsätzlich müssen alle Kunden- und Lieferantenrechnungen auf sogen. ‚Personeneinzelkonten' verbucht werden, d. h. jeder Kunde, jeder Lieferant erhält in der Finanzbuchhaltung eine eigene Kontonummer zugeteilt. Auf dieser Kontonummer werden nur seine Rechnungen verbucht.

   Es empfiehlt sich dringend, die Finanzbuchhaltung um eine sog. Offene-Posten-Buchhaltung (OPOS-Buchhaltung) zu ergänzen. Die OPOS-Buchhaltung ist eine Nebenrechnung zur Finanzbuchhaltung. In der OPOS-Buchhaltung werden die Kunden- und die Lieferantenrechnungen zusätzlich geführt.

   Die Steuerung in der OPOS-Buchhaltung erfolgt über die jeweilige Rechnungsnummer. Ist eine Rechnung vollständig bezahlt, „verschwindet" sie aus der OPOS-Buchhaltung. Damit sind in der OPOS-Buchhaltung nur noch die Rechnungen ausgewiesen, die noch nicht bezahlt bzw. noch nicht ausgeglichen sind.

   Mit einer OPOS-Buchhaltung lässt sich das Mahnwesen für die Kundenrechnungen aus der Finanzbuchhaltung heraus automatisiert erledigen.

   Bei den Lieferantenrechnungen können aus der OPOS-Buchhaltung heraus unter Beachtung von Skontofristen, Zahlungsbedingungen, etc., die Zahlungsträger erstellt und an die Bank weitergeleitet werden. Das vereinfacht und beschleunigt das Zahlungswesen.

2. Das zeitnahe und vollständige Verbuchen aller Geschäftsvorgänge einer Buchungsperiode ist deshalb die unabdingbare Voraussetzung, um diesen Mehrwert aus der Finanzbuchhaltung nutzen zu können.

3. Die sog. Bruttoverbuchung ist unverzichtbar. Beispiel: die Lohnkosten des Monats Mai werden in der laufenden Buchungsperiode „Mai" auf die entsprechenden Aufwandskonten in der Gewinn- und Verlustrechnung gebucht. Die Gegenbuchung(en) erfolgt/en auf Verrechnungskonten. Die Zahlung der Nettolöhne, der Sozialversicherung, der Lohnsteuer etc., werden dann auf die Verrechnungskonten gegen gebucht.

Damit ist einerseits sichergestellt, dass die Aufwendungen (hier: die Bruttolöhne, die Arbeitgeberanteile zur Sozialversicherung etc.) in der richtigen Buchungsperiode als Aufwand gebucht werden und andererseits, dass die jeweiligen Zahlungsverpflichtungen durch die Verbuchung auf den Verrechnungskonten überwacht und kontrolliert werden.

Die Bruttoverbuchungs-Methode gilt für alle Aufwendungen, deren Entstehung und Bezahlung auf verschiedene Buchungsperioden fallen.

4. So selbstverständlich es klingen mag: die Kunden- und Lieferantenkonten müssen in kurzen Zeitabständen laufend abgestimmt, d. h. daraufhin überprüft werden, ob Rechnungsbetrag und Zahlungsbetrag sich ausgleichen. Differenzen müssen aufgeklärt werden. Eine OPOS-Buchhaltung erleichtert auch diese Abstimmungen erheblich.

Die Aufwandskonten der Gewinn- und Verlustrechnung müssen regelmäßig auf die richtige Verbuchung und richtige Zuordnung der Geschäftsvorfälle auf die entsprechenden Aufwandskonten geprüft werden. Ggf. sind Umbuchungen vorzunehmen. Die richtige Zuordnung ist nicht nur für die Ordnungsmäßigkeit der Buchhaltung, sondern für Analysen und künftige Planungen von großer Bedeutung.

Die Bestände der Bankkontoauszüge und der Kassen müssen regelmäßig mit den entsprechenden Konten der Finanzbuchhaltung abgestimmt werden.

5. Es muss das Ziel eines jeden Unternehmers sein, seine Lieferantenrechnungen mit den gewährten Skonti zu zahlen. Wer seine Lieferantenrechnungen in der Skontofrist bezahlt, erwirtschaftet daraus u.a. eine sehr hohe Rendite. Er hat bei seinem Lieferanten eine hervorragende Verhandlungsposition für günstigere Einkaufsbedingungen, evtl. längeren Skontofristen, da sich für den Lieferant das Ausfallrisiko ganz erheblich reduziert.

Die Umsetzung der aufgezeigten Maßnahmen führen zu enormer Liquidität und ermöglichen die Zahlung der Lieferantenrechnungen innerhalb der Skontofristen.

Praxistipp:

Dokumentieren Sie alle aufgeführten und getroffenen Maßnahmen schriftlich und informieren die Bank(en) darüber, dass alle diese Maßnahmen im Unternehmen umgesetzt wurden. Die Kenntnis der Bank(en) darüber stärkt Ihre persönliche und materielle Kreditwürdigkeit.

Die Aussagefähigkeit der Finanzbuchführung und ihrer Auswertungen sollte – heutzutage schon ein Muss – durch die monatliche Verbuchung von kalkulatorischen und betriebswirtschaftlichen Posten verbessert werden. Im Einzelnen z. B.:

■ Buchung der monatsanteiligen Abschreibungen.

Abschreibungen sind der Wertverzehr von Wirtschaftsgütern, die für die Betriebsprozesse benötigt werden und dem Unternehmen mehr als ein Jahr dienen.

Die Verbuchung der monatsanteiligen Abschreibungen erhöht die Aussagekraft der betriebswirtschaftlichen Auswertungen. Der Ermittlung der monatsanteiligen Abschreibungen des laufenden Wirtschaftsjahres wird i.d.R. das Abschreibungsvolumen des Vorjahres zu Grunde gelegt, ergänzt um die anteiligen Abschreibungen von nennenswerten Anschaffungen des laufenden Jahres.

Die genaue Ermittlung erfolgt zum Jahresende bzw. in der Gewinnermittlung. Es werden dann nur noch die restlichen Beträge gebucht.

■ Abgrenzung von Sonderzahlungen.

Sonderzahlungen bzw. einmalige Zahlungen, wie z. B. Urlaubsgeld, Weihnachtsgeld, Beiträge zur Berufsgenossenschaften, müssen monatsanteilig ermittelt und gebucht werden.

Die Abstimmung mit den endgültigen Werten muss im Zeitpunkt der Entstehung bzw. in der Gewinnermittlung erfolgen und die erforderlichen Korrekturbuchungen vorgenommen werden.

■ Abgrenzung von Zinsaufwand.

Der Zinsaufwand für Darlehen wird von den Darlehensgebern in der Regel vierteljährlich, u. U. halbjährlich oder nur jährlich, berechnet. Ab nennenswerten Zinsbeträgen müssen die Zinsen monatsanteilig ermittelt und gebucht werden. Im Zeitpunkt der Zinsberechnung müssen die restlichen Beträge gebucht werden.

■ Monatliche Abgrenzung von nennenswerten unregelmäßigen Aufwendungen.

Nennenswerte unregelmäßige Aufwenden, die für mehr als eine Buchungsperiode entstehen, bzw. bezahlt werden (z. B. Versicherungsbeiträge, etc.), müssen monatlich abgegrenzt und gebucht werden.

■ Veränderungen beim Warenbestand und den halbfertigen Arbeiten.

Der Einkauf von Waren wird mit Verbuchung der Lieferantenrechnung im vollen Umfange erfolgswirksam, obwohl sich zumindest ein Teil der Waren noch im Lager befindet. Der Warenbestand unterliegt somit im Jahresverlauf zum Teil ganz erheblichen Schwankungen.

Diese Schwankungen im Bestand müssen quartalsweise bzw. halbjährlich gebucht werden, um in den Auswertungen ihren Niederschlag zu finden.

Im Bestand an halbfertigen Arbeiten (in Ausführung befindliche Bauaufträge und in Arbeit befindliche Aufträge) bzw. an fertigen Erzeugnissen sind verwendete Waren, erbrachte Leistungen und entstandene Kosten enthalten. Diese haben sich schon auf der Aufwandsseite gewinnmindernd ausgewirkt, obwohl der Erlöse noch nicht realisiert werden konnte. Diese Bestandsveränderungen müssen ebenfalls unterjährig – quartalsweise bzw. halbjährlich – gebucht werden, um sich in den Auswertungen niederzuschlagen.

Werden die Auswertungen für die Bank benötigt, empfiehlt es sich, die Rhythmen der Berücksichtigung dieser Bestandsveränderungen mit der Bank abzustimmen, da deren Ermittlung mit zum Teil erheblichem Aufwand verbunden sind.

Nutzung von EDV-Schnittstellen:

■ Der Einsatz von kompletten EDV-Programmen ermöglicht nicht nur die Kalkulation bzw. die Angebotserstellung sondern auch die weitere Nutzung der darin enthaltenen Daten und Informationen für die Erstellung der Ausgangsrechnungen. Fakturierprogramme mit hinterlegten Informationen/ Datensätzen erleichtern über entsprechende Schnittstellen die automatische Verbuchung der Ausgangsrechnungen in der Finanzbuchhaltung. Eine manuelle Erfassung erübrigt sich. Diese Synergien sollten unbedingt genutzt werden. Eine Abstimmung der Werte zwischen Fakturierprogramm und der Finanzbuchhaltung ist regelmäßig vorzunehmen.

■ Bestimmte Anbieter von Finanzbuchhaltungs-Software, z. B. die DATEV, bieten die Möglichkeit, des sogen. elektronischen Bankbuchens. Dazu werden vom DATEV-Rechenzentrum täglich – nachts - die Werte der Bankkonten bei der Bank abgerufen, aufbereitet, können dann morgens von der DATEV abgerufen und in die Finanzbuchhaltung zur weiteren Bearbeitung eingelesen werden. Das beschleunigt die zeitnahe Verbuchung, da die Bankbewegungen vorliegen, bevor die Bankauszüge zur Verfügung stehen.

■ Wird die Buchführung außer Haus, z. B. durch den Steuerberater, geführt, mussten bisher die Belege an den Steuerberater zur Bearbeitung gesandt oder gebracht werden. Für die Zeit der Bearbeitung standen die Belege dem Unternehmen nicht zur Verfügung.

Die sogen. digitale Belegbuchung ermöglicht es, dass die Geschäftsbelege im Unternehmen eingescannt, an das DATEV-Rechenzentraum gesandt und dort vom Steuerberater abgerufen und verbucht werden können. Die Geschäftsbelege müssen dann nicht mehr zum Steuerberater ,transportiert' werden und stehen permanent dem Unternehmen zur Verfügung. Die digitalen Belege werden beim Verbuchen in der EDV mit dem jeweiligen Buchungssatz fest verbunden.

Klären Sie ggf. mit Ihrem EDV- Anbieter ab, welche Möglichkeiten andere Finanzsoftwareprogramme bieten.

Buchführung außer Haus:

1. Wird die Finanzbuchführung außer Haus, z. B. durch den Steuerberater, geführt, ist es dringend notwendig, dass der Leistungsumfang
   (Umfang der Tätigkeiten, Inhalt der Tätigkeiten, Honorierung, etc.) besprochen und schriftlich vereinbart wird.

   Für die Erstellung der laufenden Finanzbuchhaltung ist die Mittelge-
   bühr üblich. Dafür kann eine ordnungsgemäße, zeitnahe und abge-
   stimmte Finanzbuchhaltung mit Personeneinzelkonten verlangt werden.

   Werden weitere Leistungen, z. B. OPOS-Buchhaltung, Mahnwesen,
   Erstellung von Zahlungsträgern, gewünscht, müssen sowohl die Er-
   bringung, wie auch die zusätzliche Honorierung, vorher besprochen
   und vereinbart werden.

2. Wird die Finanzbuchhaltung außer Haus beim Steuerberater erstellt, ist
   es überlegenswert, ob das Mahnwesen und die Erstellung der Zahlungsträger für Lieferantenrechnungen, die Löhne, etc., auf den Steuerberater ausgelagert werden.

   Ihm können die Mahn- und Zahlungsrhythmen vorgegeben, in der
   EDV erfasst und dann fristgerecht die Mahnung oder die Zahlungen er-
   ledigt werden. Für die Honorierung ist der nachgewiesene Zeitauf-
   wand üblich. Der Stundensatz muss vereinbart und halbjährlich der
   Stundenaufwand mit dem Steuerberater abgestimmt werden.

3. Eine ordnungsgemäße, fachliche und zeitnahe Finanzbuchhaltung lässt
   mit relativ wenig Mehraufwand weitere betriebswirtschaftliche Aussagen und Auswertungen zu.

   Beispiele:

   – Unternehmensplanung
   – Controlling-Report
   – Liquiditätsvorschau (z. B. den Geldbedarf der nächsten vier Wo-
     chen)
   – Liquiditätsplanung
   – Finanzplan

4. Es sollten zwei bis drei Monate vor Ende des Wirtschaftsjahres dringend Planwerte für das folgende Wirtschaftsjahr ermittelt, diese auf Monatswerte runter gebrochen (saisonale Einflüsse sollten berücksichtigt werden) und in der Finanzbuchhaltung erfasst werden.

5. Die Planwerte und die Werte der laufenden Finanzbuchhaltung ermöglichen einen monatlichen SOLL-IST-Vergleich. Abweichungen können sehr frühzeitig festgestellt und unmittelbar darauf reagiert werden.

Werden Branchenzahlen in den SOLL-IST-Vergleich mit einbezogen, erhält man ein *Benchmarking*, das weitere wertvolle Informationen liefert.

Für die Erstellung der Bilanz ist dringend zu beachten:

1. Zeitnahe Erstellung der Bilanz – innerhalb von drei bis sechs Monaten nach dem Bilanzstichtag. Liegt eine ordnungsgemäße, vollständige und zeitnahe Finanzbuchhaltung vor und sind die Bestände (Warenbestand, halbfertige Arbeiten, Fertigerzeugnisse etc.) zeitnah nach dem Bilanzstichtag ermittelt worden, ist die Erstellung innerhalb dieser Frist kein Problem. Die zeitnahe Bilanzerstellung wirkt sich auf das Bankrating aus.

2. Die Änderungen des Bilanzrechtsmodernisierungsgesetzes (BilMoG) sind ab dem Wirtschaftsjahr 2010 verbindlich zu beachten.

3. Seit dem BilMoG muss jeder Kaufmann eine Handelsbilanz erstellen. Das steuerliche Ergebnis kann nach § 60 EStDV durch Zu- und Abrechnungen ermittelt werden. Für diese Art der Ermittlungen des steuerlichen Ergebnisses ist – insbesondere wenn handelsrechtliche Wahlrechte genutzt wurden bzw. werden – im Verlauf von mehreren Jahren die Gefahr von falschen Ergebnissen sehr hoch. Die Erstellung einer jährlichen Steuerbilanz empfiehlt sich, da sie diese Gefahren weitgehend eliminiert.

4. Bilanzpolitik, d. h. das Festlegen von Kennzahlen, die Überprüfung auf Erreichung und Einhaltung, sind ein absolutes Muss. 60 bis 70% der Ratingnote werden durch die folgenden Kennzahlen bestimmt:

   – Eigenkapitalquote (= Eigenkapital x 100 : Gesamtkapital)
   – Gesamtkapitalrentabilität (= Jahresüberschuß + Ertragssteuern + Zinsen und ähnliche Aufwendungen : Gesamtkapital)

- Liquiditätslage (working capital (= Warenbestand/halbfertige Arbeiten + Forderungen + erhaltene Anzahlungen ./. Verbindlichkeiten ./. erhaltene Anzahlungen), Kundenziel, Lieferantenziel, Lagerdauer)
- Verschuldungsgrad (= Fremdkapital x 100 : Gesamtkapital)
- Schuldentilgungsdauer (= Gesamtverschuldung : cash flow)
- Kapitaldienstfähigkeit (= cash flow + Fremdkapitalzinsen ./. Investitionen ./. Einnahmen)
- Cash-flow-Rate
- Zinsdeckungsquote.

Um diese Ziele zu erreichen bzw. positiv zu beeinflussen, stehen folgende Maßnahmen im Mittelpunkt:

1. Ertragskraft steigern
2. Eigenkapital erhöhen
3. Verschuldung abbauen
4. Liquidität sicherstellen

Keine Bilanz ohne Bilanzbesprechung, ganz besonders in diesen Kennzahlen und Punkten.

Eine Bilanz mit vollständiger, ordnungsgemäßer und zeitnaher Finanzbuchhaltung ermöglicht mit kalkulierbarem und angemessenem Aufwand die Erstellung

■ einer Unternehmensplanung für die nächsten 3 Jahre,

■ einer Liquiditätsplanung und

■ einer Finanzplanung.

Mit diesen Unterlagen ist ein Unternehmen für das Bankgespräch gut vorbereitet.

Die Bank bewertet im Rating die folgenden wichtigen **Softfacts**:

1. Kontoführung und Zusammenarbeit mit der Bank

2. Informationspolitik, Informationsverhalten gegenüber der Bank

3. Unternehmensführung und Managementqualität

4. Rechnungswesen, Controlling

5. Planung, Steuerung und Risikomanagement

6. Markt, Produkte und Wettbewerb

7. Organisation, Strategie

8. Marketing, Vertrieb

9. Branchen- und Länderrisiko

10. Unternehmensrisiken, Unternehmensentwicklung.

Viele dieser Kriterien kann ein Unternehmer positiv beeinflussen und damit die Qualität seines Ratings erheblich verbessern.

| Die Softfacts von heute sind die Hardfacts von morgen.

Deshalb:

Auf Basis der erstellten Bilanz sollte der Steuerberater nach Möglichkeit ein Rating durchführen und im Bankgespräch „sein Rating" mit dem Rating der Bank vergleichen. Evtl. Abweichungen müssen aufgeklärt werden.

Die Bilanz sollte sehr frühzeitig und möglichst unaufgefordert bei der Bank eingereicht werden. Gleichzeitig sollte ein Termin zur Bilanzbesprechung angefragt werden, nicht erst abwarten, bis die Bank sich meldet.

Auf die Bilanzbesprechung mit der Bank muss sich der Unternehmer vorbereiten. Dazu gehört ein Bericht über das abgelaufene Jahr, den Verlauf des bisherigen Wirtschaftsjahres und über die bevorstehenden 6 – 8 Monate.

Beim Bankgespräch sollte der Steuerberater mit anwesend sein. Im Bankgespräch muss **der Unternehmer** reden, er muss sein Unternehmen präsentieren. Der Steuerberater sollte nur über spezielle (Fach-)Fragen der Bank Auskunft erteilen. Deshalb muss sich der Unternehmer gezielt auf das Bankgespräch – evtl. zusammen mit seinem Steuerberater – vorbereiten.

Das Gespräch soll auf gleicher Augenhöhe ablaufen. Das bedeutet: nicht nur die Bank weiß viel über den Unternehmer, mit diesen Informationen weiß der Unternehmer auch viel über bzw. für die Bank.

3.9   Die Vorbereitung der Bank auf das Gespräch

Die Bank bereitet sich auf das Gespräch vor und hat dazu in der Regel

- die Jahresabschlüsse analysiert,

- die aktuelle BWA studiert,

- die Vermögensaufstellung angesehen,

- Branchenvergleichszahlen herangezogen,

- den Betrieb besichtigt – hoffentlich ist das noch nicht so lange her,

- die Entwicklung auf dem Geschäftsgirokonto analysiert,

- das Rating nach Basel II für das Unternehmen vorliegen und damit eine Risikoeinschätzung und -beurteilung vorgenommen,

- den Deckungsbeitrag aus der Kundenverbindung auf dem Tisch, d. h. sie weiß, was sie mit dem Unternehmer verdient hat,

- vielleicht die eine oder andere interne Diskussion geführt.

Der Bankmitarbeiter wird eine klare Vorstellung haben, welche Ziele er im Gespräch erreichen will:

- Welche Leistungen möchte er verkaufen?

- Welche Konditionen möchte er vereinbaren?

- Welches Risiko (Kredithöhe und Sicherheiten) möchte er eingehen?

Haben Sie die beschriebenen Schritte umgesetzt, sind Sie gut auf das Bankgespräch vorbereitet. Sie können als Unternehmer in Ruhe und mit Gelassenheit der Bewertung durch die und dem Gespräch mit der Bank entgegensehen.

4   Fördermittel in der Unternehmensfinanzierung

Cornelia Langer

4.1   Beratungsförderung

Sie haben bereits alle empfohlenen Maßnahmen in ihrem Unternehmen eingeführt? Sie meinen, Sie bräuchten eigentlich gar nicht weiter zu lesen, denn ihr Rating müsste sich im oberen Bereich bewegen? Das wäre vorschnell, denn wir haben noch einige Tipps für Sie parat!

Vielleicht besteht in Ihrem Unternehmen aber auch Handlungsbedarf, die eine oder andere Maßnahme einzuführen? Möglicherweisen haben Sie als Unternehmer nicht die Zeit oder nicht die erforderlichen personellen Ressourcen, die Umsetzung eigenständig voranzubringen. Der Staat hat daher erkannt, dass eine Unterstützung notwendig ist.

Konkret haben Sie die Möglichkeit, eine Beratungshilfe in Anspruch zu nehmen, damit Sie mit Hilfe eines externen Beraters die notwendigen Maßnahmen zur Verbesserung Ihres Ratings in Ihrem Betrieb umsetzen können.

Beratungshilfe - was ist das eigentlich und wo bekommt man diese, an wen kann man sich wenden, was sind die Voraussetzung dafür?

Der Staat gibt mit öffentlich geförderten Beratungsprogrammen dem Unternehmer die Möglichkeit, sich für verschiedenste Fragestellungen im Management eines Unternehmens externe Kompetenzen hinzuzuziehen, die sich kleine oder mittelständische Unternehmen sonst nicht leisten können.

Die **Beratungshilfe** ist eine der wichtigen Säulen staatlicher Förderung, die wir Ihnen vorstellen.

C. Langer, *Rating und Finanzierung im Mittelstand*,
DOI 10.1007/978-3-8349-4037-7_4, © Springer Fachmedien Wiesbaden 2013

Wer nun der Auffassung sein sollte, bei der Förderung externer Beratung würde es sich um ein großangelegtes Beschäftigungsprogramm für „notleidende" Unternehmensberater oder Beratungsfirmen handeln, der irrt. Vielmehr hat man erkannt, dass Unternehmen gern nach den Devisen handeln „Haben wir schon immer so gemacht"; „Wir kennen unseren Betrieb/Branche", „Geht gar nicht anders". Erst wenn die eigene Wettbewerbsfähigkeit gefährdet ist, ein anderes Unternehmen den lukrativen Auftrag erhält oder der dringend benötigte, hochqualifizierte Mitarbeiter das Unternehmen verlässt, beginnt ein Umdenken. Spätestens jetzt besteht Handlungsbedarf, denn diese Umstände wirken sich auf die Entwicklung und Bewertung des Unternehmens aus.

Aber wie ändern? Das Wissen hierzu ist meist in den Unternehmen nicht in dem notwendigen Maß vorhanden, und wenn doch, so sieht man manchmal den berühmten „Wald vor lauter Bäumen" nicht und bzw. oder kann Dinge nicht aus eigener Kraft verändern. Auch hilft der Blick von außen in ein Unternehmen, die Situation schneller zu analysieren und Lösungen aufzuzeigen.

Die Beratungsförderung richtet sich aus diesem Grund überwiegend an kleine und mittelständische Unternehmen nach der in Kapitel 1 beschriebenen EU-Definition. Nur Unternehmen, die diese Voraussetzungen erfüllen, sind berechtigt, bei den jeweiligen in Frage kommenden Organisationen einen Antrag zu stellen. Grundsätzlich gilt auch hier, dass es keinen Rechtsanspruch auf eine Förderung gibt.

Die Mittel für solche Beratungen werden von der Europäischen Union, vorwiegend durch den Europäischen Sozialfonds (ESF), sowie vom Bund oder den jeweiligen Bundesländern aufgebracht. Gefördert wird mit nicht rückzahlbaren Zuschüssen zu den jeweiligen Tagessätzen der Beratungshonorare, wobei die Höhe der förderfähigen Honorare begrenzt ist. Meistens ist ein Eigenanteil von 50% an den Kosten erforderlich.

Je nach Programm und Förderbedarf kann der Förderzeitraum von drei bis zu 20 Tagen pro Jahr betragen. Der Fördersatz kann im Einzelfall von circa 300 €/Tag bis zu 600 €/Tag betragen, in vielen Programmen ist dieser Satz auf 6.000 € maximaler Zuschuss begrenzt. Abhängig von den Fragestellungen und den einzelnen Programmvoraussetzungen besteht die Möglichkeit, mehrere Förderprogramme für unterschiedliche Themen parallel in Anspruch nehmen zu können.

Gerade für kleinere KMU ermöglichen solche Beratungsförderungen, dass organisatorische und personelle Maßnahmen im Unternehmen schneller und effektiver, manchmal auch überhaupt erst umgesetzt werden können. Zudem können die Zuschüsse für solche Beratungen schnell mehrere 1.000 € pro Jahr erreichen, die sonst aus dem Cash-Flow aufzubringen wären.

Nachfolgend wollen wir Ihnen einen Überblick über mögliche Beratungsthemen geben, die als förderungswürdig angesehen werden.

Zunächst einmal alle Themen rund um **die Existenzgründung.** Hier gibt es umfangreiche Förderungen, auf die wir an dieser Stelle jedoch nicht eingehen wollen, da unser Augenmerk auf die Finanzierungs- und Ratingverbesserung von etablierten Unternehmen zielt.

Nur der Vollständigkeit halber sei erwähnt, dass es auch umfangreiche Fördermaßnahmen unterschiedlichster Art für **Unternehmen mit wirtschaftlichen Schwierigkeiten** gibt, deren Rating eine hohe Ausfallwahrscheinlichkeit aufweist. Dies ist ein spezieller Bereich, auf den wir an dieser Stelle nicht eingehen. Wir wollen Ihnen aber viele Möglichkeiten aufzeigen, wie Sie Fördermittel gezielt in Ihrer gesamten Unternehmensfinanzierung einsetzen können.

4.1.1   Beratungsförderung im Personalwesen

Beratungsthemen sind ganz besonders für diejenigen im Unternehmen interessant, die sich mit Personal oder Organisation beschäftigen. Personaler kennen meist die vielfältigen Hilfen der Agentur für Arbeit. Dies sind vorwiegend beitragsfinanzierte arbeitsmarktpolitische Hilfen, wie Einstellungszuschüsse. In der Krise hat das Kurzarbeitergeld maßgeblich dazu beigetragen, dass qualifizierte Mitarbeiter in den Unternehmen gehalten werden konnten.

Weniger bekannt sind **Kurzberatungen und/oder Coachings** durch externe Berater zu personellen und organisatorischen Fragen der Unternehmensführung. Das „Coaching" unterscheidet sich von der „Beratung" insoweit, als dass dabei dem Unternehmer mehr Anleitung zur Selbsthilfe gegeben werden soll als nur reine Beratung. In der Praxis werden meist beide Begriffe synonym verwendet.

Eine große Bedeutung kommt den zahlreichen Coachingprogrammen zu, die vorwiegend aus Mitteln des ESF gefördert und von den Ländern cofinanziert werden.

Aus dem Bereich **Personal** stellen wir förderfähige Themen beispielhaft dar.

Der demographische Wandel mit einer älter werdenden Gesellschaft zeigt schon jetzt erste Auswirkungen hinsichtlich des zunehmenden Fachkräftemangels. Ein Unternehmen muss sich daher intensiv um seine Mitarbeiter kümmern, eine systematische Personalentwicklung betreiben. Dazu gehören Qualifizierung und Weiterbildungsmaßnahmen für die Beschäftigten, aber auch die Gesunderhaltung der Mitarbeiter gerade in solchen Branchen, wo auch heute noch körperlich anstrengende Tätigkeiten trotz vieler technischer Hilfsmittel unumgänglich sind.

Sie überlegen als Unternehmer, welche Maßnahmen in Ihrem Betrieb die geeigneten wären, um die Arbeits- und Beschäftigungsfähigkeit Ihrer Mitarbeiter nicht nur zu erhalten sondern auch zu fördern?

Sie wollen die Einrichtung von Arbeitsplätzen, nicht nur weil durch die Anforderung der Arbeitssicherheitsvorschriften diese entsprechend ausgestattet sein müssen, sondern auch für die tägliche Arbeit Ihrer Mitarbeiter besser gestalten, weil diese zum Beispiel über ständige Rückenschmerzen klagen?

Krankheitsbedingte Ausfälle belasten nicht nur wegen der Lohnfortzahlung ein Unternehmen finanziell, es fehlt auch die für die Auftragserfüllung erforderliche Produktivitätsleistung der Mitarbeiter.

Gesellschaftlich werden bei längerer Erkrankung die Krankenkassen oder die Rentenversicherung in Anspruch genommen.

Hier setzen unterschiedliche Förderprogramme, vorwiegend aus dem Europäischen Sozialfonds /ESF an. Der eine oder andere von Ihnen kennt vielleicht die Möglichkeit, **gesundheitsfördernde Maßnahmen** im Betrieb steuerlich absetzen zu können.

Welche Maßnahmen aber die Geeignetsten für ihren Betrieb sind, wie die demographische Situation in Ihrer Belegschaft aussieht, stellt gerade die KMU vor große Herausforderung. Hier können speziell ausgebildete **Demografieberater** helfen. Diese können Analysen der Mitarbeiterschaft vornehmen, die alters- und alternsgerechte Ausgestaltung von Arbeitsplätzen beurteilen und Lösungsvorschläge erarbeiten. Dort wo solche Beratungen schon durchgeführt wurden, konnte der Krankenstand reduziert und erkannt werden, in welchem Bereich mittel- oder langfristig ein Personalmangel entstehen kann.

Ansprechpartner für solche Beratungen sind beispielsweise die Landesbanken, im Auftrag der Europäischen Union und des jeweiligen Bundeslandes. Der Gesamtbetrag für eine solche Beratung mit einer Obergrenze von derzeit 12.000 € kann mit einem Zuschuss von bis zu 6.000 € gefördert werden.

Sie können je nach Bedarf auch für weitere Bereiche kumulativ geförderte Zuschüsse erhalten, wenn Sie zum Beispiel in Ihrem Unternehmen Personengruppen beschäftigen oder auch erst beschäftigen wollen, die besondere Schwierigkeiten auf dem Arbeitsmarkt haben.

Sie haben viele einfache Tätigkeiten in Ihrem Unternehmen zu vergeben, können hierfür an- oder auch ungelernte Mitarbeiter einsetzen, müssen diese aber dennoch weiter qualifizieren, um immer komplizierter werdende Maschinen bedienen zu können? Sie haben in Ihrem Betrieb viele Frauen, die nach einer Familienphase wieder einsteigen wollen, auf deren Wissen und Erfahrung Sie nicht verzichten können?

Wie können Sie Arbeitsplätze oder betriebliche Prozesse so gestalten, dass dieses Potenzial Ihrem Betrieb nicht verloren geht? Welche vielfältigen Maßnahmen sind zu treffen, um Ihren Betrieb familienfreundlich zu gestalten? Solche Maßnahmen kommen natürlich nicht nur den weiblichen Mitarbeitern zugute sondern selbstverständlich auch den männlichen in Ihrem Unternehmen. Gleichberechtigung am Arbeitsplatz, bessere Ermöglichung von Erziehungsphasen oder Kinderbetreuung, Schaffung von Teilzeitarbeitsplätzen sind nur einige Stichworte zum Thema.

Oft lässt sich mit dem nötigen Know-how schon mit kleinen Veränderungen viel erreichen, dazu benötigt man externes Wissen durch entsprechend qualifizierte Berater. Auch hierfür gibt es Förderprogramme mit bis zu 6.000 € Zuschuss. Die Umsetzung solcher Verbesserungen führt nicht nur zu einer Verbesserung des Betriebsklimas, sondern macht Unternehmen auch für die dringend benötigten Fachkräfte interessanter.

Die im Rating bewerteten Softskills erhalten durch solche Maßnahmen eine bessere Punktzahl.

Dies sind nur einige der vielfältigen Beispiele von Fördermöglichkeiten im Personalbereich, besonders für Unternehmen im ländlichen Raum. In Regionen mit speziellen Arbeitsmarktsituationen kann es auch hilfreich sein, sich an geförderten Modellvorhaben zu beteiligen.

Solche Modellprojekte werden meist in Kooperation mit kommunalen Einrichtungen, wie der Stadtverwaltung, sozialen Trägern und auch der Agentur für Arbeit aufgesetzt.

Teilnehmende Unternehmen erhalten für ihre Bereitschaft, modellhafte Maßnahmen wie die Beschäftigung von Mitarbeitern mit Migrationshintergrund oder von älteren Mitarbeitern, oft recht erhebliche Zuschüsse. Außerdem zeigt die Teilnahme an solchen Projekten die soziale Verantwortung von Unternehmen, was eine positive Auswirkung auf die vielfältigen Geschäftsbeziehungen hat.

4.1.2 Beratungsförderung in der Unternehmensorganisation

Zu diesen Geschäftsbeziehungen gehören Kunden wie Lieferanten gleichermaßen. Bei dem einen fordern Sie die Lieferung von Ihren Anforderungen entsprechenden Vorprodukten oder Dienstleistungen, den anderen wollen Sie selber qualitativ hochwertige Dienste anbieten oder Ihre Produkte verkaufen. Im globalen Wettbewerb können auch Unternehmen, die vorwiegend den regionalen Markt bedienen, nicht untätig bleiben, müssen sich ständig der Entwicklung von neuen Produkten oder neuen Dienstleistungen widmen.

Je nach Branche müssen Sie sich vielleicht mit neuen Marketingkonzepten beschäftigen, Ihr Einzelhandelsgeschäft den Kundenbedürfnissen entsprechend modern gestalten, im Hotel- und Gaststättengewerbe nicht nur die Standarddienstleistungen anbieten und ganz besonders in handwerklichen oder technisch geprägten Unternehmen auf die technologischen Herausforderungen reagieren und vor allem agieren.

Damit Sie im Unternehmensalltag mit diesen umfangreichen Herausforderungen nicht alleine stehen, können Sie durch **Innovationscoaching** externen Rat dazu holen.

In vielen Branchen des Maschinenbaus zum Beispiel und der Automobilzulieferer werden von den Großunternehmen hohe Anforderungen an ein Qualitätsmanagement Ihrer Zulieferer gestellt. Nur Unternehmen die diese Standards erfüllen können, haben eine Chance entsprechende Aufträge zu erhalten.

Auch Unternehmen die schon lange solche QM - Systeme einsetzen, müssen diese immer wieder den neuen Anforderungen anpassen. Dazu müssen oft interne Prozesse neu gestaltet werden.

Hilfreich ist es gerade in technologieorientierten Unternehmen ein betriebliches Innovationsmanagement aufzubauen, um zum einen überhaupt einen Innovationsbedarf im Unternehmen zu erkennen, auf Kundenanforderungen notwendige Produktanpassungen vornehmen zu können und daraus vielleicht ganz neue Produkte oder Dienstleistungen zu entwickeln.

Für all diese Themenfelder können Sie externe Beratung hinzuziehen, für die Sie ebenfalls Zuschüsse erhalten können. Mit einem Innovationsgutschein oder auch Zuschüssen für die Beschäftigung eines Innovationsmitarbeiters fällt es Ihnen sicherlich leichter, Ihr Unternehmen zukunftsfähig zu machen und nicht zuletzt wiederum Ihr Rating zu verbessern.

Neben den bereits aufgezeigten förderfähigen Themen im Bereich von Innovationen, gibt es noch weitere Aufgaben in einem Unternehmen, für deren Bewältigung der Rat von Experten hinzugezogen werden kann. Neue Produkte oder Verfahren und Dienstleistungen bergen oft eine Fülle von Chancen, aber auch Risiken für deren Abklärung ein Coach hinzugezogen werden kann. In unseren vernetzten Geschäftsbeziehungen zeichnet sich immer mehr ab, dass diejenigen Unternehmen erfolgreicher am Markt agieren können, die sich zu Kooperationen zusammenschließen. Unabhängig von rechtlichen Fragen einer solchen Zusammenarbeit, die nicht förderfähig sind ebenso wie steuerlich relevante Frage, so hängt der Erfolg beim **Aufbau solcher Kooperationen** von vielen Faktoren ab. Ganz wesentlich ist dabei, wie Beteiligte miteinander die gemeinsamen Schnittstellen definieren, gegenseitiges Vertrauen aufbauen und Prozesse aufeinander abstimmen. Hier kann ein Coach einen ganz hilfreichen Beitrag leisten, damit dies in der Praxis mit wenig Reibungsverlust auch funktionieren kann.

4.1.3   Beratungsförderung für die Unternehmensnachfolge

Ähnliche Fragestellungen entstehen aber auch bei der Übergabe eines Unternehmens. Der demographische Wandel zeigt sich nicht nur im Bereich des Fachkräftemangels. Wir haben in der Bundesrepublik auch einen Mangel an geeigneten Nachfolgern für bestehende Betriebe. Im Rating spielt die Frage wie die Kontinuität eines Unternehmens abgesichert ist eine nicht unmaßgebliche Rolle. Daher tun gerade ältere Unternehmensleiter gut daran, sich so frühzeitig wie möglich mit der Regelung ihrer Nachfolge auseinanderzusetzen.

Besondere Herausforderungen stellen sich oft in familiengeführten Betriebe, bei denen die Kinder den Betrieb entweder nicht übernehmen wollen oder Spannungsverhältnisse zwischen den Generationen bestehen. Oftmals ist auch ein nicht wirklich abgeben wollen der Älteren ein Grund, sich erst sehr spät dem Thema zu widmen. In sehr vielen Fällen bleibt häufig nur die Möglichkeit, den Betrieb an einen externen Nachfolger weiterzugeben. Zur Lösung all dieser komplexen Fragestellungen kann ein gefördertes Coaching eingesetzt werden.

4.1.4   Exportförderungsberatung

Im laufenden Geschäftsbetrieb spielt besonders für Unternehmen des produzierenden Gewerbes oder auch für Dienstleistungsbetriebe die Frage eine Rolle, wie man sich neue Märkte erschließen kann. Je nach Branche ist es auch wichtig seine Produkte auf Messen anzubieten, nicht nur regionale und nationale sondern vor allem auf ausländischen Märkten.

Die zunehmende Internationalisierung, die positiven Auswirkungen der Freizügigkeit gerade in Europa bieten vielfältige Chancen, die Geschäftsentwicklung voranzutreiben. Dies kann durch Exporte in andere Länder geschehen, durch den Aufbau von Niederlassungen oder auch direkter Zusammenarbeit mit ausländischen Unternehmen. Je nach Branche und Größe des Unternehmens kann es auch sinnvoll sein, sich mit anderen Unternehmen zusammenzuschließen, um gemeinsam die Absatzchancen der Produkte oder Leistungen auf einem Auslandsmarkt zu erhöhen.

Zur Klärung und Unterstützung bei diesen komplexen Fragestellungen kann eine Exportberatung beantragt werden, auch gibt es Zuschüsse für einen Messeauftritt in anderen Ländern.

Ansprechpartner für diese Fragen und Vermittler qualifizierter Berater sowie zu den entsprechenden Fördermittelgeber sind die jeweiligen Wirtschaftsförderungsgesellschaften.

Allein wenn Sie in Ihrem Unternehmen ergänzend zu den innerbetrieblichen Maßnahmen im kaufmännischen Bereich, auch nur einige von diesen unterstützenden Leistungen in Anspruch nehmen, so bringen Sie Ihr Unternehmen sowohl in der Produktions- oder Dienstleistungsentwicklung voran, und Sie sparen auch in erheblichem Umfang Geld. Dies in doppelter Hinsicht, direkt durch die gewährten Zuschüsse und indirekt bei Ihrem Rating. So zeigen Sie damit auch Ihrem Geldinstitut, dass Sie alles daran gesetzt haben, für eine positive Geschäftsentwicklung Sorge zu tragen. Dies schlägt sich in einer Verbesserung Ihres Ratings nieder und Sie können Kredite zu anderen Konditionen erhalten oder auch über Anpassung der laufenden Kredite neu verhandeln.

4.1.5   Antragsverfahren

Das Angebot von geförderten Beratungsleistungen kann nur exemplarisch und im Überblick dargestellt werden. Die Konditionen sind nicht immer bundeseinheitlich und hängen zudem hinsichtlich der Vergabepraxis auch von der Höhe der jeweiligen zur Verfügung stehenden Budgets ab. Es empfiehlt sich daher sich möglichst frühzeitig im Unternehmen zu überlegen, welche Vorhaben in einem Geschäftsjahr anstehen könnten, um rechtzeitigen Kontakt zu den jeweiligen Fördermittelgebern oder Beratungsstellen aufzunehmen.

Abhängig von der Nachfrage können Mittel auch vorzeitig ausgeschöpft sein, so dass Sie für Ihr Vorhaben zwar grundsätzlich eine Förderung erhalten könnten, aber in dem entsprechenden Zeitraum keine Mittel mehr zur Verfügung stehen.

- Wie bereiten Sie sich am besten für ein Gespräch mit einer solchen Beratungsstelle vor?

- Wie kompliziert ist der bürokratische Aufwand für Sie als Unternehmer, einen Antrag auf solche Förderung zu stellen?

- Wann muss dieser Antrag gestellt werden und wie lange dauert die Bearbeitungszeit?

- Wie finden Sie den richtigen Berater?

- Und nicht zuletzt wann und wie wird das Geld bewilligt?

Grundsätzlich gilt, dass ein Antrag stets **vor Beginn eines Vorhabens** zu stellen ist. Vielfach ist auch die Bewilligung abzuwarten, nur in wenigen Einzelfällen ist eine nachträgliche Förderung noch möglich.

Sinnvoll ist, zunächst im eigenen Unternehmen das Vorhaben auf ein bis zwei DIN A4-Seiten aufzuschreiben. Es muss keine perfekte Ausarbeitung sein, sollte aber sowohl für einen Berater, den man einsetzen möchte als auch vor allem für den Fördermittelgeber das Vorhaben nachvollziehbar darstellen.

Ohne eine solche Kurzbeschreibung ist es für die verschiedenen Institutionen kaum möglich zu beurteilen ob Ihr Vorhaben grundsätzlich förderfähig sein kann, und ob man Ihnen zu einer Antragstellung mit einer Erfolgswahrscheinlichkeit rät.

Wer sich damit schwer tut, seine Ideen vielleicht besser mündlich erklären als schriftlich darstellen kann, für diejenigen kann der Weg, sich zunächst direkt an einen Berater zu wenden, sinnvoll sein. Oftmals können Ihnen Berufsverbände, Branchenorganisationen und natürlich auch die Industrie- und Handelskammern, die Handwerkskammer oder die Wirtschaftsförderungsabteilung Ihrer Kommune mit Adresslisten infrage kommende Berater nennen.

In den meist *kostenfreien Erstgesprächen* kann der Berater Ihr Vorhaben einschätzen und Ihnen auch bei der Antragstellung behilflich sein. Sie können sich auch direkt an den Fördermittelgeber wenden und man wird Ihnen auch dort bei Bedarf beim Ausfüllen der Anträge helfen.

Nach unseren Erfahrungen wird über solche Anträge, sofern beizufügende Unterlagen vollständig sind, sehr kurzfristig, meist innerhalb von ein bis zwei Wochen entschieden. Abhängig von den Programmen sind die erforderlichen Eigenanteile im Voraus an den Fördermittelgeber zu leisten, ehe ein Bewilligungsbescheid ergeht.

Hintergrund für diese Verfahrensweise ist der in der Vergangenheit leider nicht selten vorgekommene Missbrauch solcher Mittel, auch unzulässige Absprachen zwischen Unternehmen und Berater, dem man damit entgegentritt.

Unternehmen, die sich ernsthaft mit den auszugsweise dargestellten Themen der Unternehmensentwicklung auseinandersetzen möchten und dafür Beratungshilfe brauchen, können in den meisten Fällen davon ausgehen, dass Sie diese auch schnell und unbürokratisch erhalten werden.

4.1.6 Die Bank hält Beratungsbedarf für nötig - Die Beraterauswahl

Wenn Sie von Ihrer Hausbank angesprochen werden, ob in Ihrem Unternehmen ein Beratungsbedarf bestehen könnte, dann ist dies ein sehr deutliches Signal, dass das Rating Ihres Unternehmens in einen Risikobereich abzuleiten droht. Höchste Zeit für Sie zu handeln!

Achten Sie daher in allen Bankgesprächen auf frühzeitige Hinweise, bemühen Sie sich auch in einer solchen Phase eigenständisch um einen Berater und welche Förderungen Sie für die jeweiligen Aufgabenstellungen beantragen könnten.

Und eine kritische Anmerkung, lassen Sie nicht dazu drängen, sich in der Wahl Ihres Beraters beeinflussen zu lassen, weder durch eine Bank noch durch sonstige Stellen. Bedenken Sie, dass diese Einrichtungen es sicherlich gut meinen, wenn man Berater empfiehlt, meist durch Listen mehrerer Berater/Beratungsorganisationen, die Experten für die jeweilige Aufgabe sind. Solche Einrichtungen haben in der Regel Ihre Erfahrungen mit dem Einsatz von Beratern gemacht und begrüßen gelegentlich, wenn das Unternehmen den Empfehlungen folgt. Unsere Erfahrung hat leider auch gezeigt, dass es in Einzelfällen nicht immer neutral und unabhängig zugeht.

Entscheidend für den Erfolg einer Beratung, die auch für die Förderung stets dokumentiert wird, ist, dass Sie als Unternehmen gut mit dem Berater zusammen arbeiten und dieser sich für Ihre Interessen einsetzt. Wechseln Sie bei Bedarf daher Ihren Berater. In begründeten Fällen verlieren Sie Ihre bewilligte Förderung nicht.

Praxistipp:

Sobald Sie die Notwendigkeit von Veränderungen im Personal- und/ oder Organisationsbereich Ihres Unternehmens erkennen, fragen Sie frühzeitig bei Ihrer IHK, HWK oder Wirtschaftsförderung nach dem für Sie möglichen Beratungsangebot und Fördermöglichkeiten.

4.2   Förderung durch zinsbegünstigte Darlehen und Bürgschaften

Eine weitere wichtige Säule von Finanzierungshilfen stellt die Vielzahl von zinsbegünstigen Krediten durch die Förderbanken und zusätzlich gewährte Bürgschaften dar.

Tabelle 4.1 Förderinstitute

Zinsbegünstigte Förderdarlehen		
KfW	**Bürgschaftsbanken**	**Landesbanken**
Investitionsdarlehen	Ausfallbürgschaften für:	Wachstum
Betriebsmittelkredite	KfW-Darlehen	Investition
Bauliche Maßnahmen	Landesbankdarlehen	Mittelstand
Energiesparmaßnahmen		Liquiditätskredit
Eigenkapitalaufstockung		Technologie
		Umweltschutz
		Tourismus
		Klimaschutz
		Bürgschaftsprogramm

4.2.1 Rating bei Förderbanken und zinsbegünstigte Darlehen

Das Rating spielt nicht nur bei der Vergabe klassischer Kredite der Geschäftsbanken wie der Sparkassen, sowie Volks- und Raiffeisenbanken eine Rolle, sondern auch bei der Vergabe von zinsbegünstigten Darlehen durch Förderbanken.

In diesem Zusammenhang tauchen immer wieder die Namen **KfW** und die der Landesbanken sowie Bürgschaftsbanken auf. Welche Aufgaben haben diese, wer steht dahinter, sprich aus welchen Quellen stammen die dort zur Verfügung gestellten Geldmittel?

KfW - Bank steht für **K**reditanstalt für den **W**iederaufbau, daraus lässt sich auch die Geschichte dieser Bank erklären. Für die neu gegründete Bundesrepublik Deutschland und zum Wiederaufbau einer Wirtschaftsstruktur in

Deutschland wurde mit Unterstützung der USA diese Kreditanstalt begründet, um u.a. zinsgünstige Darlehen an Unternehmen zu geben.

Der ursprüngliche Zweck hat sich im Laufe der positiven Entwicklung
sowohl der deutsch-amerikanische Zusammenarbeit als auch der politisch-
demokratischen und wirtschaftlich prosperierenden Entwicklung deutlich
verändert.

Heute ist die KfW die Förderbank der Bundesregierung. In vielen Gesetzen
und Verordnungen wird die KfW als ausführendes Organ vorgesehen und
viele Entscheidungen können die Mitarbeiter der KfW in eigener Verantwortung treffen. Es gibt jedoch auch bestimmte Förderprogramme, die ein
Mitspracherecht bei der Mittelvergabe seitens der jeweiligen Bundesmini-
sterien vorsehen. Die KfW ist zentralistisch organisiert, hat in den Bundesländern Niederlassungen und führt auch regelmäßig rotierende Bera-
tungsgespräche im ganzen Land durch.

Viele größere Investitionen werden nur durch die langfristigen und zinsbegünstigten Konditionen bei entsprechenden Krediten möglich. Dazu gehören
insbesondere auch Darlehen für die verschiedensten baulichen Maßnahmen.
Sehr bekannt geworden ist die KfW in letzter Zeit durch die umfangreichen
Förderkredite für Energiesparmaßnahmen. Weniger bekannt sind zum Beispiel Darlehen zur Eigenkapitalaufstockung für den Mittelstand.

Die umfangreich von der KfW angebotenen Förderprogramme stellen auch
gewisse Anforderungen an den Darlehensnehmer. Es müssen je nach Programm in unterschiedlicher Weise Sicherheiten geleistet werden. Werden
Projekte als sinnvoll angesehen und reichen die vorhandenen Sicherheiten
eines Unternehmens nicht aus, gibt es die Möglichkeit, dass die Bürgschaftsbank durch eine Ausfallbürgschaft diese Lücke schließen kann. Die
Bürgschaftsbank kann sehr unterschiedliche Bürgschaften zu den bewillig-
ten Darlehen, besonders auch für L- Bankdarlehen ausreichen.

In den Bundesländern offerieren die jeweiligen Landesbanken ebenfalls ein
umfangreiches Angebot an Fördermitteln. Die Förderprogramme der jeweiligen Landesbanken ergänzen die KfW - Mittel, häufig können auch
KfW - und Landesbankfinanzierungen miteinander gekoppelt werden.

Abbildung 4.1   Konditionen Förderinstitute

Dauer	Konditionen	Vorteile
Laufzeit bis zu 20 Jahren	Zinskonditionen nach individuellem Rating	Weniger Abhängigkeit von der Hausbank
Tilgungsfreie Jahre möglich	Abweichung vom Hausbank Rating beachten	Verbesserung der allg. Finanzlage des Unternehmens
	Projektbeschreibung erforderlich	Anerkennung als förderfähiges Unternehmen
	Finanzkonzept	
	Businessplan	

Hinsichtlich des Ratings sind zweierlei Umstände zu berücksichtigen:

Fast alle Förderprogramme sehen vor, dass die Beantragung über die jeweilige Hausbank durchzuführen ist. Diese hat bereits nach dem jeweiligen internen Rating-System eine Einschätzung des Antragstellers vorgenommen. Förderbanken nehmen diese Bewertung in eigene Bewertungssysteme auf, kommen in den meisten Fällen auch auf eine gleichartige Ratingeinstufung, es sind jedoch auch erhebliche Abweichungen möglich.

Praxistipp:

Sollte sich bei der Einschätzung Ihres Vorhabens und Ihres Ratings zwischen der Bewertung Ihrer Hausbank und dem Rating einer Förderbank eine Abweichung zu Ihren Ungunsten ergeben, bitten Sie um ein Gespräch und lassen Sie sich die Gründe für die Ratingeinstufung erläutern

4.2.2   Warum führen Förderbanken ein eigenes Rating durch?

Dies liegt daran, dass Förderbanken grundsätzlich andere Strukturen als die üblichen Geschäftsbanken haben. Die abzudeckenden Risiken bei der Kreditvergabe unterscheiden sich daher ganz erheblich von denjenigen des allgemeinen Bankgeschäfts.

Das Rating durch die Förderbanken berücksichtigt neben den bekannten Faktoren des Hausbankenratings in anderem Maße die individuellen Konditionen des jeweiligen Projektes und des Förderprogrammes. Gleiche Sachverhalte können daher dort anders gewichtet werden, und haben folglich auch andere Auswirkungen auf die Einstufung in die jeweilige Ratingstufe.

Um die inzwischen für den Kunden nicht mehr zu überschauenden Ratingstufen etwas übersichtlicher zu machen und auch eine bessere Transparenz herzustellen, wurde die Initiative „Finanzstandort Deutschland" kurz IFD gegründet. Diese hat es sich u.a. zur Aufgabe gemacht hat, die in verschiedenen Buchstaben und/oder Zahlenkombinationen eingeteilten Ausfallwahrscheinlichkeiten, oft auch „PD" (probability of default) genannten Ratingklassen evaluierbar zu machen. Anhand der Abb. 4.2 können Sie die Bewertungen Ihrer Hausbank mit der anderer Geldinstitute vergleichen.

Abbildung 4.2   Vergleich der Ratingskalen ausgewählter Institute bzw. Institutsgruppen

IFD Ratingstufe:	I	II	III	IV	V	VI
COMMERZBANK	1.0 - 2.4	2.4 - 3.0	3.0 - 3.4	3.4 - 4.0	4.0 - 4.8	ab 4.8
Deutsche Bank	iAAA - iBBB	iBBB- - iBB+	iBB+ - iBB-	iBB- - iB+	iB+ - iB-	ab iB-
HypoVereinsbank	1+ - 2	2 - 3	3 - 4	4 - 5	5 - 6	ab 6-
KfW Gruppe	BK 1 - 2	BK 2 - 3	BK 3 - 4	BK 4 - 6	BK 6 - 7	BK 7
Sparkassen Finanzgruppe	1 - 4	4 - 6	6 - 8	8 - 10	10 - 12	ab 12
Postbank	pAAA - pBBB+	pBBB+ - pBB-	pBBB- - pBB	pBB - pB+	pB+ - pB	ab pB-
Volks- und Raiffeisenbanken	0+ - 1d	1e - 2a	2b - 2c	2d - 2e	3a - 3b	ab 3c
PD-Bereich	bis 0,3 %	0,3 bis 0,7 %	0,7 bis 1,5 %	1,5 bis 3 %	3 bis 8 %	ab 8 %

Quelle: IFD-Ratingbroschüre

Warum ist es so wichtig?

Auch die Darlehenskonditionen innerhalb der Programme variieren in Abhängigkeit des individuellen Ratings des beantragenden Unternehmens. Dies kann sich sowohl auf die Laufzeit, Einräumung von tilgungsfreien Jahren zu Beginn des jeweiligen Invests als auch insbesondere auf die Höhe der Zinssätze auswirken.

Zudem hat beispielsweise die KfW neben dem standardisierten Rating in den Entscheidungsprozessen noch anderer weitergehende Möglichkeiten das Expertenwissen des Kreditberaters in die Entscheidung zum anstehenden Kreditengagement einzubinden.

Zusätzlich zu den standardisierten Bonitätsbeurteilungen können manuelle Anpassungen, sogenannte **Overrides** durch die Branchenspezialisten innerhalb bestimmter Brandbreiten vorgenommen werden. Nach unserer Erfahrung spielen Overrides insbesondere dort eine wichtige Rolle, wo zukunftsträchtige aber auch risikohaltige Vorhaben nicht allein mit mathematisch-statistischen Systemen ausreichend beurteilt werden können. In diesen Fällen kommt es heute mehr denn je auch auf die Kompetenz des jeweiligen Kreditanalysten, weit über die rein finanzwirtschaftliche Analyse des zu finanzierenden Vorhabens/ Unternehmens hinaus, an.

Unser Tipp:

Nutzen Sie die in Ihrer Region angebotenen Beratungstermine der KfW. Suchen Sie den direkten Kontakt zu den Branchenexperten. Stellen Sie Ihr Vorhaben, sei es eine bauliche Maßnahme größeren Umfanges oder vor allem Investitionen in neue Maschinen und Anlagen persönlich vor. Nach unseren Erfahrungen erhalten Sie dort wertvolle Hinweise, die Sie bei der Antragstellung beachten sollten und mit Ihrer beantragenden Hausbank besprechen.

4.2.3   Umgang mit Ihrer Hausbank

Immer wieder wird beklagt, dass die Hausbanken zinsbegünstigte Förderdarlehen den Unternehmen entweder gar nicht erst anbieten würden oder aber die bürokratischen Anforderungen an eine Antragstellung als zu umfangreich darstellen, so dass dies eine geradezu abschreckende Wirkung auf manchen Interessenten hätte. Wir können dieses nicht bestätigen, Einzelfälle sind jedoch nicht ausgeschlossen.

Es ist in diesem Zusammenhang zu berücksichtigen, dass es eine solche Vielzahl von Förderprogrammen allein an zinsbegünstigten Darlehen gibt, dass es für den normalen Firmenkundenberater kaum möglich ist, auch nur annähernd einen Überblick darüber zu behalten. Je nach Größe ihrer

Hausbank gibt es bankinterne Spezialisten, an die Ihre Anfrage weitergeleitet wird, bzw. kann Ihre Hausbank auch auf Experten bei den Landes- oder Bundesorganisationen der jeweiligen Bankgruppe zugreifen.

Eine bedeutsame Rolle spielt auch der Umstand, dass je nach Förderprogramm die Hausbank auch einen nicht unbeachtlichen Teil des Risikos mitzutragen hat. Haftungsfreistellungen und Ausfallbürgschaften sichern häufig nur einen Teilbetrag des jeweiligen Kreditengagements ab, so dass Ihre Hausbank nach wie vor im Obligo bleibt.

Liegt die Bewertung Ihres Unternehmens durch die Hausbank eher im mittleren Bereich und führt auch das Rating durch die Förderbank zu keiner projektbezogenen individuell verbesserten Bewertung, so ist es nachvollziehbar, dass die Hausbank ein verstärktes Augenmerk auf ihre eigenen Haftungsrisiken legt. In diesen Fällen empfiehlt es sich, zunächst kurzfristig unternehmensinterne Maßnahmen zur Verbesserung des Hausbankratings vorzunehmen.

In einigen Bundesländern besteht bei einzelnen Förderprogrammen die Möglichkeit direkt bei der KfW ein Darlehen zu beantragen. Meist handelt es sich dabei um Microkredite für einen überschaubaren Finanzierungsbedarf (Obergrenze ca. 50 T€).

Die Bewilligung eines solchen Darlehens wirkt sich wiederum positiv auf die zukünftige Ratingeinstufung des Unternehmens aus. Die Tatsache, dass ein Förderinstitut durch die Vergabe eines solchen Darlehens Ihr Unternehmen als ein grundsätzlich förderfähiges Unternehmen einstuft, verbessert die weichen Ratingfaktoren. In der Bilanz und hinsichtlich des Cash-Flows ist eine deutliche Verbesserung sofort spürbar, die sich wiederum positiv auf zukünftige Ratings auswirkt.

4.2.4   Grundsätzliches zum Antragsverfahren

Ein wenig Bürokratie lässt sich bei keiner Kreditanfrage vermeiden. Das Antragsverfahren bei der KfW sowie den Bürgschafts- oder Landesbanken ist sehr ähnlich. Für Förderdarlehen gibt es in der Regel programmbezogenen Vordrucke, die meist auch online über die jeweilige Website abgerufen oder ausgefüllt werden können.

Die Antragsformulare werden durch eine Selbstauskunft des persönlich haftenden Darlehensnehmers und den auch sonst im Bankbereich üblichen Informationen und Unterlagen über das Unternehmen ergänzt. Wichtig ist es sorgfältig darauf zu achten, dass alle geforderten Unterlagen vollständig zusammen eingereicht werden.

Bei baulichen Maßnahmen sind die gleichen Unterlagen erforderlich wie bei anderen Hypothekendarlehen auch. Sollen Investitionen z.b für eine neue Fertigungsanlage oder für eine neue Maschine getätigt werden, so bedarf es in diesen Fällen einer umfassenderen Beschreibung eines solchen Vorhabens mit entsprechenden Kostenvoranschlägen und Kalkulationen.

Grundsätzlich gilt, je komplexer das Vorhaben und je höher der jeweilige Finanzierungsbedarf desto umfangreicher und detaillierter sollten die Projektbeschreibungen zu den entsprechenden Kreditanträgen sein.

Während Ihr Steuerberater Sie sicherlich hervorragend bei der Aufbereitung der finanztechnischen Unterlagen unterstützen kann, so kann es im Einzelfall doch etwas schwieriger sein, eine den Anforderungen entsprechende Projektdarstellung inhaltlich auszugestalten.

Ihr Hausbankberater wird Sie dabei selten unterstützen können. Sie haben jedoch die Möglichkeit, sich beispielsweise an Experten aus Ihrem Branchenverband, der IHK oder der HWK zu wenden. Bei hohen Investitionsvorhaben kann auch die Unterstützung durch einen erfahrenen Fördermittelberater sinnvoll sein.

Vorhaben, bei denen von vornherein klar ist, dass zusätzlich eine Ausfallbürgschaft benötigt werden wird, sollten ausführlich begründet und die ergänzenden Unterlagen zusammen mit dem Hauptdarlehensantrag eingereicht werden.

Je vollständiger die Unterlagen sind, desto schneller können diese bewertet und entsprechend in möglichst kurzer Bearbeitungszeit über den Antrag entschieden werden. In vielen Fällen kann schon innerhalb von wenigen Tagen bis zu zwei bzw. drei Wochen mit einer Entscheidung gerechnet werden.

4.3   Alternativen zum klassischen Bankkredit

4.3.1   Mezzanine und Venture-Capital

Nicht nur Förderdarlehen stellen eine Alternative zum Hausbankkredit dar, sondern auch sogenannte **Mezzanine** Finanzierungen. Darunter versteht man eine hybride Finanzierungsform, da sie neben dem Darlehensanteil auch Elemente des Eigenkapitals enthält. Mezzanine-Capital wird häufig über eigenständige Finanzierungsgesellschaften angeboten.

Für risikoreiche Vorhaben mit einem hohen Wachstumspotenzial bieten sich die Möglichkeiten der Finanzierung durch **Private-Equity (PE)** oder **Venture-Capital (VC)** - Unternehmen an. Solche Unternehmen sind vielfach Tochtergesellschaften der Geschäftsbanken, die sich auf diese Arten der Finanzierung spezialisiert haben.

Die Bewertungen durch solche Gesellschaften werden grundsätzlich nach ähnlichen Ratingmaßstäben durchgeführt, wobei jedoch meist den persönlichen Aspekten des schon dargestellten Overrides eine stärkere Bedeutung zugemessen wird. Für den innovativen Mittelstand aber auch für Ausgründungen aus größeren mittelständischen Unternehmen bieten sich solche Finanzierungsformen an.

4.3.2   Zuwendungen - nicht rückzahlbare Zuschüsse

Ein Förderinstrument, welches nicht nur beim Mittelstand sondern auch bei Banken zu den „Exoten" gezählt werden kann, weil kaum bekannt, sind nicht rückzahlbare Zuschüsse zu vielen Forschungszwecken und Entwicklungsvorhaben. Obwohl von Seiten des Bundesforschungs- als auch des Bundeswirtschaftsministeriums immer wieder auch mit Unterstützung der Industrie- und Handelskammern Vortragsveranstaltungen angeboten werden, so ist das Wissen darüber leider noch viel zu wenig bei den Unternehmen verbreitet.

Dabei haben gerade solche Fördermittel in der Krise der letzten Jahre dazu beigetragen, dass Unternehmen, bei denen es teilweise besonders in Maschinenbau zu 70 % Umsatzeinbußen kam, diese die Krise überleben konnten. Deren Rating fiel geradezu ins Bodenlose, da halfen vielfach auch nicht jahrelange gute Geschäftszahlen, wenn Banken ihr Kreditengagement zurückführen wollten.

Eine arbeitsmarktpolitische, auch nicht rückzahlbare Finanzhilfe war in dieser Zeit auch das Kurzarbeitergeld. Anders als diese Leistung aus der gesetzlichen Sozialversicherung haben die Fördermaßnahmen aus solchen Programmen eine gänzlich andere Zielsetzung.

4.3.3 Förderprogramme „ZIM" und „ KMU- Innovativ"

Das vom Bundeswirtschaftsministerium aufgelegte „Zentrale Innovationsprogramm Mittelstand", kurz auch **ZIM,** und „ **KMU- Innovativ**" haben aber nicht nur in der Krise geholfen, sondern die positiven Ergebnisse haben dazu geführt, dass diese Programme auch in 2013 weiter laufen. Mit diesem Programm waren vor allem technologieorientierte Unternehmen in der Lage, das durch den Auftragsmangel freigesetzte Personal nicht entlassen zu müssen, sondern sinnvoll in die Entwicklung von neuen Produkten einzusetzen

Dies stellen wir am Beispiel des **ZIM**-Programms (www.zim-bmwi.de) vor:

Mittelständische Unternehmen können in diesem Programm für die Entwicklung eines neuen Produktes, Verfahrensoptimierungen oder auch für Kooperationen mit Geschäftspartnern verteilt über durchschnittlich zwei Jahre einen nicht rückzahlbaren Zuschuss erhalten.

Die Besonderheit dieses Programmes liegt darin, dass es sich bei der Neuentwicklung nicht um ein weltweit einmaliges super Hightech Produkt handeln **muss** sondern entsprechend der Struktur mittelständischer Firmen schon kleinere Verbesserungen förderfähig sein können. Dieses Programm ist auch offen für alle Branchen und Technologiebereiche.

So kann zum Beispiel die Umsetzung eines in großen Unternehmen schon praktizierten Verfahrens durch die Adaption für ein kleines Unternehmen förderfähig sein. Voraussetzung ist stets, dass ohne eine staatliche Förderung das Unternehmen in eigener Kraft eine solche Entwicklung nicht in dem notwendigen zeitlichen Rahmen bewältigten kann

Übliche Projektgrößen für solche Vorhaben liegen bei 350.000,00 € für Einzelprojekte, die bis zu ca. 50 % gefördert werden können. Selbst Unternehmen, die schon diese Förderung in Anspruch genommen haben, beachten nicht immer, dass zusätzlich für z. B. die Vermarktung und für exportorientierte Projekte weitere Zuschüsse prozentual anteilig bis zu einer Obergrenze von 50.000,00 € bis zu 75.000,00 €gewährt werden können. Die Gesamtförderung kann dann bei rund 200.000,00 € liegen.

Die Antragstellung für solche Projekte kann grundsätzlich jedes Unternehmen selber durchführen. Erforderlich sind eine ausführliche Projektbeschreibung mit Darstellung der zu leistenden Tätigkeiten und ein Finanzierungsplan. Ein solcher Antrag ist bei den Projektträgern **EuroNorm**, **AIF** oder auch **VDI/VDE/IT** rechtzeitig vor Beginn eines solchen Vorhabens einzureichen. Diese Projektträger beraten auch im Vorfeld einer Antragstellung.

Wer sich als Unternehmer dennoch nicht selber an einen solchen Antrag heran traut, oder auch zeitlich oder personell dies nicht einrichten kann, für den kann die Inanspruchnahme eines professionellen Fördermittelberaters sinnvoll sein. Für solche Beratungen gibt es jedoch keine Fördermittel. Geeignete Berater können Ihnen die Innovationsberater der IHK oder HWK nennen. Sie können für Ihr Vorhaben auch auf einschlägigen Internetportalen Berater finden, z.B. www.die-foerdermittelberater.de.

Für größere Vorhaben und Projekte mit einem höheren technologischen Risiko steht z. B. das Programm **KMU - Innovativ** zur Verfügung. Dieses Programm ist branchenspezifisch und hat zudem einen wettbewerbsartigen Charakter. Die Anforderungen für die Teilnahme sind daher entsprechend höher. Eingehende Informationen finden Sie auf der Website der Bundesregierung: http://www.hightech-strategie.de/de/kmu-innovativ.php

Dies sind nur zwei Beispielprogramme aus einer Fülle von Förderprogrammen mit Zuwendungen. Je nach Branche oder Technologie finden Sie auf den Websites der jeweiligen Bundes- und oder Landesministerien zahlreiche Informationen.

4.4 Fazit

Warum sollte sich ein Unternehmen der Mühe unterziehen, in solchen Verfahren versuchen Fördermittel zu erhalten Und was hat dies mit Rating zu tun?

Wie schon erläutert, ist Rating ein wenig der „ Blick in die Glaskugel" der Zukunft eines Unternehmens ausgehend von kennzahlenbasierten Erfahrungswerten. Nur eine positive nachhaltige Entwicklung ist ein Garant für die Bedienung der Kredite.

Ein immens wichtiges Potenzial für die Wettbewerbs- und Zukunftsfähigkeit eines Unternehmens liegt im geistigen Kapital der Belegschaft. Motivierte Mitarbeiter und ein fähiges Management, die sich aktiv in die Weiterentwicklung des Unternehmens, der Produkte und der Dienstleistungen einbringen, werden als Soft Skills eines Unternehmens im Rating positiv bewertet.

Daher tragen alle unternehmerischen Maßnahmen, die solche Entwicklungen fördern, grundsätzlich zu einem besseren Rating bei. In der Bilanzierung führt der Einsatz von nicht rückzahlbaren Zuschüssen zu einem deutlich positiven Bilanzergebnis und zur Verbesserung der Eigenkapitalquote.

Zudem weisen innovative Unternehmen in der Regel weniger Risiken auf, da sie sich an den Marktgeschehen orientieren und meist auch eine langfristige strategische Planung vorweisen.

Für eine Vielzahl von alltäglichen Aufgabenstellungen in einem Unternehmen gibt es nicht nur staatliche sondern auch stattliche Förderungsmöglichkeiten, die zur besseren Finanzierung eingesetzt werden können. Neben kurzfristigen Beratungshilfen unterstützen zinsbegünstige und oftmals ausfallverbürgte Darlehen den nachhaltigen Unternehmensaufbau. Die Bewertung von Unternehmen für Finanzierungen unterschiedlichster Vorhaben wird im Wesentlichen nach den gleichen gesetzlichen Vorgaben durchgeführt, jedoch sind individuelle Ausgestaltungen durch die verschiedenen Geldinstitute und andere Finanzierungsgesellschaften möglich.

Rückkoppelungen durch den Einsatz öffentlicher Fördermittel tragen in ganz erheblichem Umfang zur Verbesserung des Ratings des einzelnen Unternehmens bei. Volkswirtschaftlich werden dadurch positive Wachstumsimpulse für die mittelständische Wirtschaft gesetzt.

Es ist daher auch kleineren mittelständischen Unternehmen zu empfehlen, über Innovationen in ihren Betrieben nachzudenken. Setzen Sie sowohl Beratungsleistungen als auch finanzielle Fördermittel ein, seien es zinsbegünstigte Darlehen oder nicht rückzahlbaren Zuwendungen.

Scheuen Sie nicht den Aufwand einer Antragstellung, egal ob es sich um KFW- Bankkredite handelt oder um die Einreichung von Projektskizzen bei Projektträgen.

Der Nutzen, den Sie daraus für Ihr Unternehmen ziehen können, sowohl was direkte Verbesserungen im Unternehmen angeht als auch die Optimierung Ihres Ratings sind ungleich höher.

Mit diesem verbesserten Rating erhöhen Sie in erheblichem Maße Ihre Zugangsvoraussetzungen zu günstigeren Finanzierungsmittel und sichern sowohl den Fortbestand als auch die Weiterentwicklung Ihres Unternehmens.

Literatur

[1] Europäische Kommission: „Die Aktivitäten der Europäischen Union im Bereich kleiner und mittlerer Unternehmen (KMU) - Bericht des KMU-Beauftragten"
ARBEITSPAPIER DER KOMMISSIONSDIENSTSTELLEN,{SEK(2005) 170}, Amt für amtliche Veröffentlichungen der Europäischen Gemeinschaften, 2005, http://ec.europa.eu/enterprise/policies/sme/index_de.htm
[2] Europäische Kommission: „Unterstützung der Europäischen Union Programme für KMU, Überblick über die wichtigsten Finanzierungsmöglichkeiten für europäische KMU", Januar 2012 sowie http://ec.europa.eu/enterprise/newsroom/cf/itemdetail.cfm?item_id=60 45&lang=de&tpa_id=174&title=Main%2DEU%2Dfunding%2Dopportu nities%2Dfor%2DSMEs

[3] Europäische Kommission: „Übersicht über die neuen Finanzregeln und Fördermittel Möglichkeiten für den Zeitraum 2007-2013" Amt für amtliche Veröffentlichungen der Europäischen Gemeinschaften, Europäische Gemeinschaften, 2008

[4] Europäischer Sozialfonds: http://www.esf.de/portal/generator/8/startseite.html

[5] Bundesministerium für Wirtschaft und Technologie (BMWi)Öffentlichkeitsarbeit: Informationschriftenreihe: Mittelstandspolitik, Existenzgründungen, Dienstleistungen

„Auf den Mittelstand setzen", Stand Januar 2011

„Vorbereitung auf das Bankgespräch", Begleitmaterial zum e-Trainer „Bankgespräch"

Hinweise auf weiterführende Informationen:

http://www.bmwi.de/DE/Themen/Mittelstand/europaeische-mittelstandspolitik.html,

http://www.bmwi.de/DE/Themen/mittelstand.html,

http://www.bmwi.de/DE/Themen/Mittelstand/beratungsfoerderung.html

[6] Statistisches Bundesamt: Website: https://www.destatis.de/DE/Zahlen Fakten/GesamtwirtschaftUmwelt/UnternehmenHandwerk/KleineMittlereUnternehmenMittelstand/KleineMittlereUnternehmenMittelstand.html

[7] Institut für Mittelstandsforschung: „Anmerkungen zur Eigenkapitalquote im deutschen Mittelstand", Arbeitspapier von Claus Adenäuer und Ljuba Haunschild, Working Paper 2/08, IfM Bonn, im Februar 2008

Website: http://www.ifm-bonn.org/index.php?id=537

Hinweise auf weiterführende Informationen: http://www.ifm-bonn.org/index.php?id=733

[8] KfW: Inlandsförderung, Förderprogramme für Privatpersonen, Unternehmen und Kommunen,

http://www.kfw.de/kfw/de/Inlandsfoerderung/index.jsp,

http://www.kfw.de/kfw/de/Inlandsfoerderung/Weitere_Angebote/Erg aenzende_Internetadressen/Fuer_Ratingberater.jsp

[9] Initiative Finanzstandort Deutschland (IFD): Rating-Broschüre „Finanzstandort Deutschland", www.finanzstandort.de

Glossar

Amortisation

Rückfluss investierter Mittel durch Abschreibung und zusätzliche Gewinne, die durch die Investition ermöglicht wurden. Beispiel: Eine Investition von 100.000 Euro amortisiert sich in 10 Jahren. Das heißt, jedes Jahr fließen 10.000 Euro zurück

Anlagevermögen

Vermögensgegenstände eines Unternehmens, die langfristig dem Geschäftsbetrieb dienen. Wegen dieser langfristigen Bindung an das Unternehmen sollte Anlagevermögen durch Eigenkapital, eigenkapitalähnliches Kapital oder langfristiges Fremdkapital finanziert werden.

Anschaffungskosten

Aufwendungen, um einen Vermögensgegenstand zu erwerben (Hauptkosten) und betriebsbereit zu machen (Nebenkosten).

Bearbeitungsgebühren

Entgelt für die Kosten der Kreditbearbeitung. Bearbeitungs- und Verzichtsgebühren werden für KfW-Kredite nicht berechnet.

Die Kosten der durchleitenden Bank sind mit einer Marge abgegolten, die im Zinssatz bereits enthalten ist. Ausnahme: Reisekosten für Firmenbesuche oder Betriebsbesichtigungen, Kosten für Schätzgutachten, Überwachung von Sicherungsübereignungen, Fotokopien und Porto dürfen dem Kreditnehmer in Rechnung gestellt werden, wenn die Bank diese Kosten konkret belegt (keine Pauschalen).

Beihilfen

Staatliche Beihilfen im Sinne des Artikels 87 EG-Vertrag sind aus staatlichen Mitteln gewährte Beihilfen, die durch die Begünstigung bestimmter Unternehmen oder Produktionszweige den Wettbewerb verfälschen oder zu verfälschen drohen. Sie sind mit dem gemeinsamen Markt unvereinbar, soweit sie den Handel zwischen den Mitgliedstaaten beeinträchtigen. Jede öffentliche Förderung auf der Basis des ESF-Bundesprogramms muss den formellen und materiellen Anforderungen der Gemeinschaftsregeln über staatliche Beihilfen genügen.

Beihilfen - de-minimis

Die de-minimis-Regel findet im Rahmen der Beihilfenkontrolle der Europäischen Kommission Anwendung. Die Europäische Kommission geht davon aus, dass bis zu einem bestimmten Schwellenwert Beihilfen den Handel zwischen den Mitgliedstaaten nicht beeinträchtigen und mit dem gemeinsamen Markt vereinbar sind. Die Verordnung (EG) Nr. 1998/2006 vom 15.12.2006 besagt, dass Beihilfen die einen Gesamtbetrag von 200.000 Euro innerhalb von drei Steuerjahren nicht übersteigen, nicht der Anmeldepflicht bei der Europäischen Kommission unterliegen.

Beleihungswert

Wert, bis zu dem die Bank Vermögensgegenstände des Kreditnehmers als verwertbare Sicherheit azeptiert. Die Beleihungsgrenze wird in Prozent des Beleihungswertes angegeben. In der Bankpraxis sind z. B. für festverzinsliche Wertpapiere zwischen 70 und 90 % und für Grundstücke zwischen 60 und 80 % üblich. Für Forderungen ist eine Beleihungsgrenze schwer bestimmbar. Häufig wird der voraussichtlich erzielbare Liquidationswert (für den schlechtesten Fall des Ausfalls der Forderung) angesetzt.

Beteiligungsfinanzierung

Finanzierung eines Unternehmens aus externen Quellen mit Eigenkapital, z. B. durch Ausgabe von Anteilsscheinen bei einer Kapitalerhöhung oder durch Neuaufnahme von Gesellschaftern. Das Eigenkapital kann in Form von Sacheinlagen, Geldeinlagen oder Rechten überlassen werden. Der Beteiligungsgeber erwirbt ein Miteigentumsrecht, z. B. einen Anspruch auf Gewinn- und Verlustanteil oder am Firmenwert. Je nach Rechtsform kann mit der Beteiligung eine Mitwirkung an der Geschäftsführung verbunden sein

Betriebswirtschaftliche Auswertung (BWA)

Die BWA basiert meist auf den Daten aus der Finanzbuchhaltung. Sie gibt dem Unternehmer während des laufenden Finanzjahres Auskunft über seine Gewinn- und Erlössituation sowie über Vermögens- und Schuldverhältnisse. Sie dient oft als Entscheidungsgrundlage für den Unternehmer und den Fremdkapitalgeber.

Bilanz

Gegenüberstellung von Aktiva und Passiva zu einem bestimmten Stichtag. Aktiva sind z. B. Anlagevermögen und Umlaufvermögen wie Forderungen und Kassenbestand. Passiva sind z. B. das Eigenkapital, Rückstellungen und Verbindlichkeiten. Die Summe der Aktiva ist gleich der Summe der Passiva.

Bonität

Leistungsfähigkeit eines Schuldners oder Fähigkeit, Zins und Tilgung zu erbringen. Kreditwürdigkeit.
Bei der Beurteilung der Bonität spielt sowohl die vorhandene Substanz als auch die erwartete zukünftige Ertragskraft eine Rolle.

Bürgschaft/Kreditbürgschaft

Eine Erklärung Dritter, im Falle der Zahlungsunfähigkeit des Schuldners für dessen Verbindlichkeiten einzustehen, z. B. einen Bankkredit zurückzuzahlen. Bürgschaften geben z. B. Bürgschaftsbanken, die es in allen Bundesländern gibt.

Cash-flow

Kennzahl für die Beurteilung der Finanz- und Ertragslage eines Unternehmens.

Berechnung nach der direkten Methode:
Cash-flow = einzahlungswirksame Erträge - auszahlungswirksame Aufwendungen

Berechnung nach der indirekten Methode:
Cash-flow= Jahresüberschuss +/./. nicht zahlungswirksame Aufwendungen und Erträge, z. B. Abschreibungen, Rückstellungen usw.

Deckungsbeitrag

Kennzahl für die Beurteilung einzelner Produkte oder Leistungssparten eines Unternehmens. Der Deckungsbeitrag zeigt an, was das einzelne Produkt zur Deckung der Fixkosten eines Unternehmens sowie zur Erzielung von Gewinn beiträgt.

Direktkredit

Kredit, der direkt bei der KfW beantragt wird und nicht, wie bei den meisten Förderkrediten der KfW üblich, über die Hausbanken.

Durchleitende Bank

Bank oder Sparkasse, über die ein Darlehen der KfW beantragt wird, häufig die Hausbank des Antragstellers. Die Bank zahlt den Kredit an den Kreditnehmer aus und leitet dessen Rückzahlungen an die KfW weiter.

Eigenkapital

Finanzielle Mittel, die einem Unternehmen von den rechtlichen Eigentümern zur Verfügung gestellt werden. Eigenkapital und Fremdkapital ergeben zusammen das Gesamtkapital. Das bilanzielle Eigenkapital wird aus der Differenz der Aktiva und Passiva errechnet.

Eigenkapitalquote = Eigenkapital x 100/Bilanzsumme

Eigenmittel
Mittel, die man "aus eigener Tasche" für eine Finanzierung aufbringen kann.

Als Eigenmittel zählen: Bargeld und Bankguthaben, Realistisch bewertete Eigenleistungen

Einlagen in Form betriebsnotwendiger Güter wie Maschinen, Fahrzeuge etc.

Darlehen Dritter mit Eigenkapitalcharakter. Finanzmittel durch Beleihung von Haus- und Grundbesitz oder Lebensversicherungen

ERP-Mittel
Mittel aus dem European Recovery Programme (ERP), die 1948 als "Marshallplanhilfe" für den Wiederaufbau der deutschen Wirtschaft bereitgestellt wurden. Daraus entstand später das ERP-Sondervermögen des Bundes. Die KfW refinanziert

verschiedene Programme aus dem ERP-Sondervermögen, diese tragen die Bezeichnung ERP-Programme.

Europäische Kommission
Die Europäische Kommission ist das ausführende Organ der Europäischen Union. Sie hat weit reichende Initiativ-, Gesetzgebungs-, Verwaltungs-, Aufsichts- und Kontrollbefugnisse. Darüber hinaus ist sie an der Aufstellung und Durchführung des EU-Haushalts beteiligt

Europäischer Fonds für Regionale Entwicklung (EFRE)
Der EFRE ist Teil der Strukturfonds, die den Abbau des Ungleichgewichts zwischen den Regionen der Gemeinschaft zum Ziel haben. Der 1975 geschaffene Fonds gewährt finanzielle Hilfen für die Entwicklung bedürftiger Regionen. Er konzentriert seine Mittel darauf, die Wettbewerbsfähigkeit der Regionen zu verbessern. In Deutschland werden bei der EFRE-Förderung in der aktuellen Förderperiode die Ziele Konvergenz, Regionale Wettbewerbsfähigkeit, Beschäftigung und Europäische Territoriale Zusammenarbeit verfolgt.

Europäischer Sozialfonds (ESF)
Der ESF wurde im Jahre 1957

gegründet und ist Teil der Strukturfonds der Europäischen Union. Er zielt auf die Stärkung des wirtschaftlichen und sozialen Zusammenhalts ab. Zu diesem Zweck unterstützt er Maßnahmen, deren Ziel es ist, Arbeitslosigkeit zu verhindern, den Zugang zur Beschäftigung und die Beteiligung am Erwerbsleben zu verbessern, Qualifikationen und Fähigkeiten der Menschen zu fördern und Diskriminierungen auf dem Arbeitsmarkt zu bekämpfen.

Förderperiode
Die Förderperiode beschreibt einen mehrjährigen Programmplanungszeitraum. Die aktuelle Förderperiode begann offiziell am 1. Januar 2007 und endet am 31. Dezember 2013.

Fremdkapital
Finanzielle Mittel, die dem Unternehmen zeitlich befristet überlassen werden, z. B. Kredite. Der Kreditgeber erhält eine erfolgsunabhängige Verzinsung. Fremdkapital und Eigenkapital ergeben zusammen das Gesamtkapital.

Gender-Mainstreaming
Gender Mainstreaming bedeutet, bei allen gesellschaftlichen Vorhaben die unterschiedlichen Lebenssituationen und Interessen von Frauen und Männern von vornherein und regelmäßig zu berücksichtigen. Gender Mainstreaming stellt eine langfristige Strategie dar, welche im Rahmen einer umfassenden Gleichstellungspolitik die gesetzlichen Maßnahmen und die gezielte Förderung von Frauen ergänzen soll. Der Begriff Gender Mainstreaming wurde bei der Weltfrauenkonferenz in Beijing (Peking) 1995 entwickelt. Als eine Methode, um die Gleichstellung der Geschlechter zu erreichen, wurde Gender Mainstreaming 1997 in den „Amsterdamer Vertrag" der EU aufgenommen. Ungleichheiten zu beseitigen und die Gleichstellung von Frauen und Männern zu fördern ist eine in Artikel 2 und 3 EG-Vertrag verankerte Aufgabe der Europäischen Union. Bei ESF-Förderungen muss sichergestellt werden, dass die Chancengleichheit von Frauen und Männern bei der Ausarbeitung, der Durchführung, der Begleitung und der Evaluierung der Operationellen Programme gefördert wird (Artikel 6 der ESF-Verordnung EG Nr.1081/ 2006 vom 5. Juli 2006). Die Gleichstellung von Männern und

Frauen ist ein Querschnittsziel im ESF-Bundesprogramm.

Gewerbliche Investition
Kapitalaufwand für meist langlebige Wirtschaftsgüter, z. B.Kauf von Geschäftsanteilen

Erwerb von Grundstücken, Baukosten am Firmengebäude,Erwerb von Maschinen, Fahrzeugen, Büroeinrichtung, etc.

Haftung des Kreditnehmers
Einstehen für die Kreditschuld mit dem Vermögen. Für KfW-Kredite haftet der Kreditnehmer gegenüber seiner Hausbank, diese haftet gegenüber der KfW. Gibt es mehrere Anteilseigener an einem Unternehmen, kann die Bank eine quotale Haftung verlangen; die Quote wird durch den prozentualen Anteil am Unternehmen bestimmt. Die gesamtschuldnerische Haftung dagegen bedeutet, dass alle Beteiligten für die Gesamtschuld haften.

Haftungsfreistellung
Befreiung von der Haftung, Verzicht auf Sicherheiten. In der Regel haftet die Hausbank zu 100 % gegenüber der KfW für die Rückzahlung eines KfW-Kredits. In einigen Kreditprogrammen kann die KfW einen

Teil des Hausbankrisikos übernehmen, d. h. sie befreit die Hausbank von einem Teil der Haftung. Im Fall der Insolvenz des Kreditnehmers tragen die KfW und die Hausbank den Verlust im vereinbarten Verhältnis. Die Haftungsfreistellung fördert die Bereitschaft der Bank für eine Kreditvergabe. Der Kreditnehmer besichert den Kredit genauso wie bei voller Haftung der Hausbank.

Immaterielle Investitionen
Aufwendungen für nicht materielle Vermögensgegenstände wie Patente, Lizenzen, Software. Auch Investitionen im Personalbereich, z. B. Aus- und Weiterbildungsinvestitionen, Investitionen in Forschung und Entwicklung oder Investitionen in das Marketing werden als immaterielle Investitionen bezeichnet.

Kennzahlen
Statistische Werte, die den Zustand eines Unternehmens klar und verständlich aufzeigen. Kennzahlen gibt es für den Betriebsvergleich, für die Unternehmensführung, für Bilanzwerte und für den Umsatz. Die wichtigsten Kennzahlen für ein Unternehmen sind der Cash- Flow und der Return on Investment.

**KMU-Definition (auch SME –
small and middle Enterprises)**
Kleine und mittlere Unternehmen (KMU) gemäß der Definition der Europäischen Union
Kleinstunternehmen sind Unternehmen, die weniger als 10 Mitarbeiter und einen Jahresumsatz
oder eine Jahresbilanzsumme
von höchstens 2 Mio. Euro haben.

Kleine Unternehmen sind Unternehmen, die weniger als 50
Mitarbeiter und einen Jahresumsatz oder eine Jahresbilanzsumme von höchstens 10 Mio. Euro
haben.

Mittlere Unternehmen sind Unternehmen, die weniger als 250
Mitarbeiter und einen Jahresumsatz von höchstens 50 Mio. Euro
oder eine Jahresbilanzsumme
von höchstens 43 Mio. Euro
haben.

Kofinanzierung
Die Strukturfondförderprogram-
me der Europäischen Kommission gewähren Projekten keine
Vollfinanzierung mit EU-
Mitteln, Voraussetzung für die
Förderung ist das Vorhanden-
sein nationaler Finanzierungs-
quellen aus öffentlichen oder
auch privaten Mittel. Hierfür
bestehen Obergrenzen für die

Zielgebiete. Die Beteiligung des
ESF ist für Projekte zur Erreichung des Ziels "Konvergenz"
auf maximal 75 Prozent und für
das Ziel "Regionale Wettbewerbsfähigkeit und Beschäftigung" auf maximal 50 Prozent
begrenzt.

Kumulationsverbot
Ausschluss einer Mehrfachför-
derung, die sich auf ein Objekt,
einen Förderempfänger, einen
bestimmten Zeitraum oder eine
bestimmte Förderhöhe bezieht.
Bei welchen Förderprogrammen
das Kumulationsverbot zum
Tragen kommt, geht aus den
jeweiligen Richtlinien hervor.

Kontokorrentkredit
Auch Dispositionskredit oder
Überziehungskredit. Höchst-
grenze für die Inanspruchnahme
einer Kreditlinie. Zinsen müssen
nur für den tatsächlich in Anspruch genommenen Kreditbetrag gezahlt werden.
Ein Kontokorrentkredit gleicht
saisonale Schwankungen der
liquiden Mittel aus oder wird für
kurzfristige Anschaffungen
verwendet.

Liquidität
Schuldrechtlich: Fähigkeit, alle
Zahlungsverpflichtungen recht-

zeitig erfüllen zu können.
Bilanziell: Bestand an liquiden
Mitteln, der in der Bilanz aus-
gewiesen wird.

Mezzanines Kapital

Mischform aus Eigen- und
Fremdkapital, das je nach Ausgestaltung stärker eigen- beziehungsweise fremdkapitalähnli-
che Züge aufweisen kann; die
Finanzierung mit solchen In-
strumenten wird als Mezzanine-
Finanzierung bezeichnet

Mittelstand
Definition des Instituts für Mittelstandsforschung (IfM), Bonn:

Zum Mittelstand gehören alle
Selbständigen in den freien Beru-
fen, Handwerksbetriebe und alle
gewerblichen Betriebe, die folgende Kriterien erfüllen:
_ weniger als 500 Beschäftigte
_ Jahresumsatz unter 50 Mio. EUR

Definition der Europäischen
Union (seit 01.01.2005)

Mittlere Unternehmen:
- weniger als 250 Beschäftigte
- Jahresumsatz von höchstens 50
Mio. € oder eine Jahresbilanzsumme von höchstens 43 Mio. €

Kleine Unternehmen:
- weniger als 50 Beschäftigte

- Jahresumsatz bzw. Jahresbilanz
höchstens 10 Mio. €

Kleinstunternehmen:
- weniger als 10 Beschäftigte
- Jahresumsatz bzw. Jahresbilanz
höchstens 2 Mio. €

Betrifft alle Unternehmen, die
nicht Partnerunternehmen oder
verbundene Unternehmen sind.

Definition des Bundesverbands
deutscher Banken

_ *Kleine Unternehmen:* Umsatz bis
500.000 EUR
_ *Mittlere Unternehmen:* Umsatz
bis 50 Mio. EUR
_ *Große Unternehmen:* Umsatz bis
500 Mio. EUR

Nachfinanzierung
Finanzierung bereits begonnener
Investitionen. Nachfinanzierung
mit einem Kredit der KfW ist
grundsätzlich ausgeschlossen.

Nachrangdarlehen
Nachrangdarlehen zeichnen sich
dadurch aus, dass der Darle-
hensgeber im Rang hinter die
Forderungen aller übrigen
Fremdkapitalgeber zurücktritt
und die Darlehen somit eine
eigenkapitalnahe Funktion haben. Nachrangdarlehen werden
nicht dinglich (werthaltig) besi-

chert. Die persönliche Haftung des Darlehensnehmers bleibt davon jedoch unberührt. Nachrangdarlehen bündeln damit die Vorteile von Fremd und Eigenkapital, verbessern auf diese Weise die Bonität eines Unternehmens und erleichtern ihm den Zugang zu weiteren Finanzierungsmitteln.

Operationelles Programm/ESF

Ein Operationelles Programm (OP) ist ein von einem Mitgliedstaat vorgelegter und von der EU-Kommission angenommener Plan. Das OP enthält Aussagen zu der Umsetzung der jeweiligen ESF-Prioritäten. In Deutschland haben alle Bundesländer und der Bund ein (Niedersachsen zwei) Operationelles Programm bei der Europäischen Kommission eingereicht. Das zielgebietsübergreifende ESF-Bundesprogramm wurde von der Europäischen Kommission am 20.12.2007 genehmigt - es umfasst ein Finanzvolumen von 6 Milliarden Euro, davon entfallen 3,5 Milliarden Euro auf den ESF.

Regionale Wettbewerbsfähigkeit und Beschäftigung

Das Ziel „Regionale Wettbewerbsfähigkeit und Beschäftigung" ist eines der drei der EU-Regionalpolitik im Zeitraum 2007-2013. Es dient der Stärkung der Wettbewerbsfähigkeit und Attraktivität der Regionen sowie der Beschäftigung durch Vorwegnahme des Wandels in Wirtschaft und Gesellschaft. Förderfähig sind Regionen, die nicht unter dem Konvergenzziel förderfähigen sind. In Deutschland zählen die westdeutschen Bundesländer - ohne den Regierungsbezirk Lüneburg - zu diesem Zielgebiet. Die Maßnahmen für dieses Ziel werden aus dem ESF und dem EFRE finanziert.

Rating

Bewertungssystem für die Qualität von Wertpapieren und Investmentfonds oder für die Bonität von Kreditnehmern. International anerkannte Rating-Agenturen sind z. B. Moody's, Standard & Poor's, IBCA. Durch den Baseler Akkord (Basel II) müssen auch mittelständische Unternehmen ein Rating durchlaufen.

Strukturfonds

Die EU hat auf Grundlage des EG-Vertrages Strukturfonds eingerichtet, aus denen ärmere EU-Länder und Regionen Hilfen erhalten. Zu dem Strukturfonds der Förderperiode 2007-2013 zählen der Europäische Sozialfonds (ESF) und der Europäische Fonds für regionale Entwicklung (EFRE). Der Europäische Landwirtschaftsfonds für die Entwicklung des ländlichen Raums (ELER) und der Europäische Fischereifonds (EFF) haben eigene rechtliche Grundlagen und gehören nicht mehr zu den Strukturfonds.

Venture Capital (VC)

Form der Beteiligung an wachstumsstarken neuen Unternehmen. Kann eine Kreditfinanzierung ersetzen. VC ist Risikokapital, meist kombiniert mit unternehmerischer Beratung und Mitbestimmung. Nach einigen Jahren wird das Kapital durch den Verkauf von Geschäftsanteilen, die dann häufig an Wert gewonnen haben, zurückgeführt.

Verbundene Unternehmen

Alle Unternehmen, an denen ein Unternehmen mit mehr als 50 % beteiligt ist. Wenn ein Unternehmen umgekehrt zu mehr als 50 % an einem anderen Unternehmen beteiligt ist, gilt es ebenfalls als verbunden. Bei Einzelunternehmen gilt: Alle Firmen des Inhabers sind verbundene Unternehmen. Als Gruppenumsatz wird der konsolidierte Umsatz aller verbundenen Unternehmen bezeichnet. Die Innenumsätze beteiligter Unternehmen zählen nicht mit. Der Umsatz von Kapitalgesellschaften wird nicht einbezogen, weil die Beteiligung befristet ist. Hinweis: Bei der KMU-Definition der EU gelten u.U. andere Regeln.

Hinweis: Auszugsweise KfW-Glossar entnommen.

Die Autoren

Dr. Klaus Eschenburg studierte an den Universitäten Freiburg und Münster Jura und begann nach seinem Staatsexamen seine Karriere bei einer Großbank. Dort verantwortete er das Firmenkundengeschäft, zuletzt in leitender Position im Corporate Banking. Nach 20 Jahren Bankerfahrung setzt er seine Kompetenzen als Rechtsanwalt mit Schwerpunkt Bankrecht ein. Wichtig ist ihm dabei die Vermittlung zwischen den Parteien, so dass er eine Ausbildung zum Mediator absolvierte. Er engagiert sich in den ARGEN Handels- und Gesellschaftsrecht sowie Bank- und Kapitalmarktrecht, ferner in der Lehre als Dozent an der Frankfurt School of Finance and Management.

Rainer Eschbach hat sich nach seiner Ausbildung zum Steuerberater im Bereich der Beratung betriebswirtschaftlichen und steuerlichen Fragestellungen mittelständischer Unternehmen spezialisiert. Sein Aufgabengebiet umfasst das gesamte Spektrum von der Erstellung von Lohn- und Finanzbuchführungen, die Erstellung und Analyse der Jahresabschlüsse bis hin zu betriebswirtschaftlichen Prüfungen. Als Fachberater für internationales Steuerrecht begleitet er seine Mandanten auch bei Auslandsaktivitäten. Mit seiner Qualifikation als vereidigter Buchprüfer und nach § 57a Wirtschaftsprüferordnung (WPO) zertifiziert führt er freiwillige und gesetzliche Jahresabschlussprüfungen durch. Er engagiert sich politisch für den Mittelstand und im Berufsverband wp.net für die mittelständische Wirtschaftsprüfung. Und auch im Erbrechtsfall steht er seinen Mandanten als zertifizierter Testamentsvollstrecker (Institut für Erbrecht e.V.) zur Seite.

Cornelia Langer studierte Verwaltungswissen-
schaft, Jura und Betriebswirtschaft an der
Hochschule für Wirtschaft und Recht Berlin
sowie an den Freien Universitäten Hamburg
und Berlin, war lange Jahre in verschiedenen
Führungspositionen in der öffentlichen Verwal-
tung tätig und auch als Legal Counsel in der
freien Wirtschaft. Ihr Fachgebiet ist die Wirt-
schaftsberatung von der Förderung von Start-
Up-Unternehmen (Coach und Gutachterin
beim Wettbewerb Start2grow) über die Investi-
tionsförderung bis zur Innovationsförderung
Spitzencluster Deutschland. Sie unterstützt mittelständische Unternehmen
bei der Realisierung von innovativen Vorhaben mit öffentlichen Fördermitteln. In Wirtschaftsverbänden setzt sie sich vorwiegend für Verbesserungen für den Mittelstand ein.

Sie möchten mit den Autoren Kontakt aufnehmen? Wir freuen uns auf Ihre
Fragen!

Rechtsanwalt
Dr. Klaus Eschenburg
Konradstraße 15a
79100 Freiburg
Telefon: 0761 7038692
E-Mail: dr.klaus.eschenburg@googlemail.com

Steuerberater   **Unternehmensberaterin**
Rainer Eschbach   **Cornelia Langer**
Rüßwihl 40,   **com4europe UG & Co. KG**
79733 Görwihl   Friedrichstr. 81,
Telefon: 07754 9200 - 0   10117 Berlin
E-Mail: rainer.eschbach@restb.de   Telefon: 0172 49 52 743
                                           E-Mail: c.langer@com4europe.eu

The manufacturer's authorised representative in the EU is Springer
Nature Customer Service Centre GmbH, Europaplatz 3, 69115 Heidelberg,
Germany. If you have any concerns regarding our products, please
contact ProductSafety@springernature.com

Printed and bound by CPI Group (UK) Ltd, Croydon, CR0 4YY
28/04/2026
02098481-0004